1장

도와주고 먹이를 얻는 친구

- 악어 잇새를 청소해 주는 **악어새**
- 진딧물의 꿀물을 얻어먹는 **개미**
- 벌꿀오소리의 길잡이, **벌꿀길잡이새**
- 바다이구아나의 기생충 청소부, **갈라파고스붉은게**
- 똥 덩어리를 주고받는 **소와 쇠똥구리**
- 새끼를 바꿔 키우는 **납줄개와 말조개**
- 곰치의 청소부가 된 **청소놀래기**
- 말미잘의 먹이를 구해 주는 **흰동가리**

 나일악어: 악어목 크로커다일과 | 악어새: 도요목 악어샛과

악어 잇새를 청소해 주는
악어새

앗, 무시무시한 악어의 입속으로!

아프리카의 드넓은 초원 지대. 얼룩말이 목이 마른 듯 강가로 찾아왔어요. 얼룩말은 잠시 주위를 두리번거려 아무도 없는 것을 확인하고는 물을 마시기 시작했어요.

그때 물결이 잠시 일렁이는가 싶더니, 스산한 물풀 소리와 함께 날카로운 눈동자가 물 위로 떠올랐어요. 바로 나일악어였어요. 나일악어는 얼룩말과 눈이 마주치기 무섭게 커다란 입을 쩍

벌리고는, 날카로운 이빨로 얼룩말의 앞다리를 덥석 물었어요. 얼룩말은 도망치려고 발버둥쳤지만 헛수고였어요. 악어는 기어이 얼룩말을 물속으로 끌고 들어가 죽이고 말았어요.

 식사를 마친 악어는 잠시 후 물 밖으로 나와 입을 벌리고 햇빛을 쬐기 시작했어요. 그때 어디선가 새 한 마리가 날아왔어요. 새는 악어의 등 위를 콕콕 쪼며 돌아다니더니, 악어의 입속으로 들어가서 뭔가를 쪼아 대는 게 아니겠어요? 하지만 악어는 이 새를 잡아먹지 않았답니다. 어떻게 된 일일까요? 악어는 무엇 때문에 제 발로 굴러 들어온 먹이를 마다하는 걸까요?

나일악어

악어새

나일악어의 골칫거리

　나일악어는 아프리카 대륙과 마다가스카르섬의 강과 호수에서 사는 무시무시한 사냥꾼이에요. 다 자라면 몸길이가 5~6미터, 몸무게가 1톤에 이르는데, 물고기, 거북, 새는 물론이고 누, 얼룩말, 물소, 사람까지 잡아먹지요.

　나일악어는 대개 물에서 사냥을 하는데, 몸이 물에서 사냥하기 좋게 발달되어 있어요. 먼저, 나일악어는 눈과 코가 모두 머리 윗부분에 있어요. 그래서 물속에 몸을 숨긴 채 눈과 코만 내놓고 앞을 보고 숨을 쉴 수 있지요.

　또 잠수를 하면 눈이 투명한 막으로 덮혀 물안경을 쓴 것처럼 앞을 또렷이 볼 수 있고, 콧구멍과 목구멍이 모두 닫혀 물을 삼킬 염려가 없어요. 그뿐이 아니에요. 몸이 어두운 녹색이나 갈색을 띠고 있어, 초록빛이 감도는 열대의 흙탕물 속에서는 눈에 잘 띄지도 않는답니다.

　악어는 이빨이 크고 단단해 한번 문 먹이는 절대로 놓치지 않아요. 꼬리 힘도 엄청나게 강해서, 사냥감이 달아나려고 버둥거리면 길고 튼튼한 꼬리를 채찍처럼 휘둘러 때려눕힌 다음에 물속으로 끌고 들어가지요.

　그런데 세상에 거칠 것이 없을 것 같은 이 무시무시한 사냥꾼에게도 골칫거리가 있답니다. 나일악어의 골칫거리는 바로 이빨 사

이에 낀 고기 찌꺼기와 온몸에 달라붙어 피를 빠는 거머리와 기생충이에요. 악어는 불행하게도 자기 힘으로 이 골칫거리들을 처리하지 못한답니다.

앞발이 짧아 몸이 가려워도 긁을 수가 없고, 혀가 짧아 사자나 호랑이처럼 혀로 입가를 닦거나 입안 청소를 할 수도 없어요. 세상에 두려울 것 없는 악어가 하잘것없는 거머리와 고기 찌꺼기는 어찌지 못하는 거예요. 그런데 이런 악어에게 더없이 소중한 친구가 있답니다. 악어새가 그 주인공이에요.

먹이를 찾아 악어의 입으로

악어새는 몸길이가 22센티미터 정도로 제비보다 조금 큰 새예요. 나일악어가 사는 초원의 물가에서 뾰족한 부리로 작은 벌레를 잡아먹으며 살아가지요. 그런데 악어새에게는 다른 새들이 갖지 못한 놀라운 사냥터가 있어요.

그곳은 바로 악어의 몸이랍니다. 악어의 몸에서 어떻게 사냥을 하느냐고요? 악어새는 악어의 등 위를 오락가락하며 기생충을 잡

아먹고, 입속을 들락거리며 거머리와 이빨 사이에 낀 고기 찌꺼기를 먹는답니다. 비록 남의 이빨 사이에 끼어 있기는 하지만, 고기 찌꺼기는 힘들이지 않고 구할 수 있는 훌륭한 먹이거든요. 게다가 무시무시한 악어의 입안에 들어 있으니 다른 동물에게 뺏길 염려도 없고요. 악어의 입안 곳곳에 달라붙어 몸이 빵빵해지도록 피를 빨아 대는 거머리도 달아날 염려가 없는 사냥감이지요.

　악어를 골치 아프게 하는 기생충과 고기 찌꺼기는 작은 벌레를 먹고 사는 악어새에게 이처럼 좋은 먹이가 될 수 있어요. 그런데 악어새는 어떻게 그 무시무시한 악어의 입속을 들락거릴 수 있을까요?

항온 동물
바깥 온도에 관계 없이 항상 일정한 체온을 유지할 수 있는 동물을 항온 동물이라고 해요. 포유류, 조류가 여기에 속하지요.

변온 동물
체온을 조절하는 능력이 없어서 바깥 온도에 의해 체온이 변하는 동물을 변온 동물이라고 해요. 어류, 양서류, 파충류와 무척추동물이 여기에 속해요.

악어는 바깥 기온에 따라 체온이 바뀌는 변온 동물이에요. 체온이 떨어지면 움직일 수 없기 때문에 아침에 일어나거나 물에 있다가 나오면 양지바른 곳에서 햇볕을 쬐어 몸을 데우지요. 악어는 햇볕을 쬘 때 늘 입을 벌린답니다. 몸에서 열을 가장 빨리 흡수하는 부분이 입속이기 때문이에요. 비늘이 덮인 몸통과 달리 입속은 맨살이 그대로 드러나 있으니까요.

악어새는 악어가 이렇게 입을 벌리고 있을 때 악어의 입안을 드나든답니다. 입을 벌리고 햇볕을 쬐는 악어의 습성을 이용해 악어의 입안을 드나들며 먹이를 얻어 가는 것이지요.

악어의 고마운 친구, 악어새

악어는 평소에 새도 잡아먹어요. 하지만 골치 아픈 거머리와 기생충, 고기 찌꺼기를 없애 주는 고마운 친구인 악어새는 잡아먹지 않는답니다.

물론 악어새에게도 악어는 고마운 친구예요. 사냥감을 찾아 늘 돌아다녀야 하고, 겨우 사냥감을 찾아도 사냥에 실패하기 일쑤인 자연에서 언제나 먹이를 구할 수 있는 사냥터가 있다는 것은 엄청난 행운이니까요. 게다가 그 사냥터가 무서운 악어의 몸과 입속이기 때문에 먹이를 빼앗길 염려도, 먹이를 사냥하다가 다른

동물에게 잡아먹힐 염려도 없답니다.

　악어새는 고마운 친구를 돕기 위해 이따금 총을 든 밀렵꾼이 다가오면 소리 높여 울면서 악어에게 위험을 알려 주기도 해요. 이렇게 악어새는 자신에게 도움을 주는 친구와, 그 친구가 마련해 주는 사냥터를 함께 지킨답니다.

악어의 혀를 본 적 있니?

악어는 먹이를 물면 일단 물속으로 끌고 들어갑니다. 그러면 끌려 들어간 동물은 곧 숨이 막혀 죽지만 악어는 멀쩡하지요. 먹이를 물고 있느라 입을 벌린 채 물속으로 들어갔는데도 아무 탈이 없어요. 왜 그럴까요? 비밀은 악어의 혀에 있답니다. 짧고 작은 악어의 혀는 입안에서 목구멍을 막는 역할을 하도록 되어 있어요. 그래서 악어는 물속에서 입을 벌리고 있어도 숨이 막히지 않는답니다.

악어의 혀

 진딧물: 노린재목 진딧물과 | 개미: 벌목 개밋과

진딧물의 꿀물을 얻어먹는
개미

개미야, 뭐 먹고 있니?

햇살이 가득한 여름 오후. 봉숭아 줄기에 작은 벌레들이 다닥다닥 붙어 있었어요. 자세히 들여다보니, 진딧물들이 봉숭아 줄기에 대롱 모양의 턱을 꽂고 열심히 즙을 빨아들이고 있었어요.

그때 한 떼의 개미들이 봉숭아 줄기를 타고 올라와 진딧물들이 있

는 곳에 다다랐어요. 개미는 자기 터전을 지키기 위해서라면 큰 동물한테도 떼를 지어 덤벼드는 무서운 곤충이에요. 그런데 무슨 까닭일까요?

봉숭아 줄기 위로 올라온 개미들은 진딧물을 공격하지 않고 진딧물의 꽁무니를 더듬이로 톡톡 두드렸답니다.

그러자 놀라운 일이 일어났어요. 진딧물의 꽁무니에 물방울이 대롱대롱 맺힌 거예요. 개미들은 그 물방울이 꿀이라도 되는 양 열심히 받아먹었어요.

그런데 갑자기 무당벌레 한 마리가 진딧물 무리 한복판으로 날아들었어요. 무당벌레는 진딧물을 잡아먹으려고 커다란 입을 쩍

개미
개미의 몸은 머리, 가슴, 배, 이렇게 세 부분으로 되어 있어요.

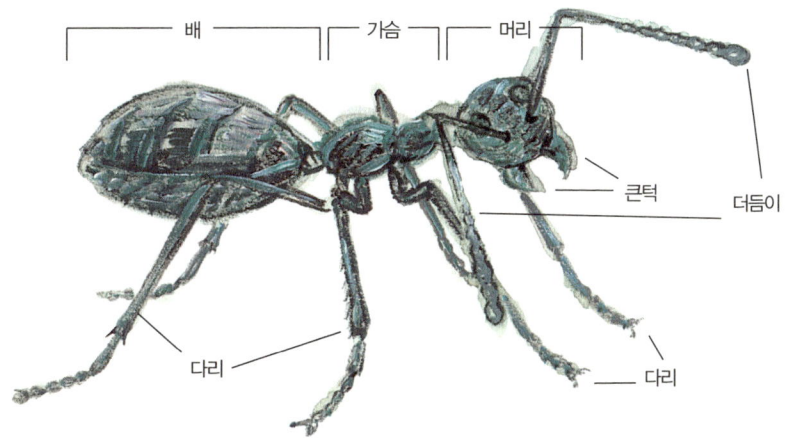

벌렸지요. 그 순간, 진딧물 곁에 있던 개미 한 마리가 꽁무니를 가슴 쪽으로 끌어당기더니 무당벌레를 향해 독한 개미산을 쏘아 댔어요. 다른 개미들도 뒤따라 무당벌레에게 개미산을 쏘아 댔지요. 결국 무당벌레는 죽은 듯이 몸을 오므리고 꽃밭 바닥으로 툭 떨어지고 말았어요. 진딧물은 먹어 보지도 못하고 개미한테 당하고 만 거예요.

도대체 개미는 왜 무당벌레와 싸웠을까요? 또 진딧물의 꽁무니에서 무엇을 하고 있던 걸까요?

개미는 왜 무당벌레와 싸웠을까?

개미는 몸길이가 0.5센티미터 안팎인 작은 곤충이에요. 작아서 약해 보이지만 강한 턱이 있어 자기보다 훨씬 큰 먹이를 물어 운반하기도 하고 흙을 파 집도 짓지요. 머리에는 냄새를 맡거나 맛을 구별하는 더듬이가 한 쌍 있고, 적이 공격해 오면 턱으로 물거나 꽁무니로 독성이 강한 개미산을 쏘아 물리칩니다.

개미는 세계 곳곳에 퍼져 살아요. 보통 숲이나 풀밭의 땅속, 돌 밑, 쓰러진 나무 밑에 굴을 파고 살면서 죽은 벌레나 꽃의 꿀, 식물의 씨앗을 먹지요. 개미들은 먹이를 구하면 굴로 가져가 애벌레들에게도 먹이는데, 특히 죽은 벌레는 단백질이 풍부해서 애벌

레들이 자라는 데 큰 도움을 준답니다.

하지만 죽은 벌레나 꽃의 꿀, 식물의 씨앗은 언제나 쉽게 구할 수 있는 먹이가 아니에요. 죽은 벌레는 이곳저곳 부지런히 돌아다녀야 구할 수 있고, 꽃의 꿀이나 식물의 씨앗은 구할 수 있는 계절이 정해져 있어요.

그래서 개미는 필요하면 언제든 구할 수 있는 먹이를 찾아냈어요. 꽃의 꿀만큼 달콤하고 맛있는 먹이, 바로 진딧물의 꽁무니에서 나오는 감로랍니다. 개미는 감로를 지키기 위해 진딧물에게 다가오는 무당벌레와 싸운 거예요.

달콤한 감로의 신비

그렇다면 진딧물은 어떻게 감로를 만들게 되었을까요?

진딧물은 몸길이가 0.2센티미터 남짓한 아주 작은 곤충이에요. 뚱뚱한 몸에 비해 다리가 실처럼 가늘어서 잘 움직이지 못하고, 식물의 잎과 줄기에서 즙을 빨아 먹으며 살지요.

진딧물이 먹는 식물의 즙에는 당분은 풍부하지만 다른 영양소들은 충분하지 않아요. 그래서 진딧물은 부족한 영양분을 채우기 위해 온종일 식물의 즙을 빨아요. 그리고 남아도는 당분과 물은 꽁무니를 통해 내보내지요. 진딧물이 내보내는 이 배설물에는 당

분이 많이 들어 있어 달콤한 맛이 나요. 이것이 바로 진딧물의 꽁무니에 달려 있던 물방울, 감로랍니다.

감로는 여러 곤충들의 먹이로 쓰여요. 개미도 감로를 얻기 위해 진딧물을 찾아오고요. 개미는 맛있는 먹이를 대 주는 진딧물을 지키기 위해 진딧물의 적과 맞서 싸우기도 해요.

진딧물은 조그맣고 힘이 약한 데다 행동까지 굼뜬 탓에 무당벌레, 꽃등에를 비롯한 여러 곤충에게 잡아먹혀요. 특히 무당벌레는 하루에 진딧물을 300마리 이상 잡아먹고, 진딧물 근처에 알을 낳아 애벌레들이 진딧물을 먹고 자라게 하는 무서운 적이에요. 하지만 개미들이 곁에 있는 한 진딧물은 걱정이 없답니다. 개미들이 진딧물을 대신해 적을 물리쳐 주니까요.

진딧물과 개미는 좋은 친구

진딧물은 힘이 약하지만 개미가 있기 때문에 위험으로부터 스스로를 지킬 수 있어요. 그래서일까요? 진딧물 중에는 감로를 함부로 흘려 버리지 않고 몸속에 모아 두었다가 개미들에게만 나눠 주는 종류도 있

답니다. 개미가 없으면 감로를 내보내지 않고 기다리다가 개미들이 와서 더듬이로 꽁무니를 톡톡 두드리면 그제야 감로를 내놓는 거예요.

필요하면 언제나 맛있는 먹이를 내주는 친구이기 때문에 개미들도 진딧물을 각별히 여겨요. 개미는 무당벌레처럼 진딧물을 잡아먹으려고 하는 곤충들을 물리쳐 주는 것은 물론이고, 진딧물이 달라붙어 있는 식물이 시들시들하면 싱싱한 식물로 옮겨 주기도 한답니다.

한자리에서 계속해서 불어나는 진딧물

진딧물은 가을이 되어 찬바람이 불면 날개 달린 암컷과 수컷이 나타나 짝짓기를 하고 알을 낳아요. 그 전까지 태어나는 진딧물은 모두 날개가 없는 암컷인데, 신기하게도 수컷 없이 혼자 새끼를 낳을 수 있답니다. 모든 암컷이 한자리에서 계속 새끼를 낳기 때문에 진딧물은 봄부터 여름까지 붙어 있던 식물을 말려 죽일 만큼 수가 늘어나요. 이럴 때 개미가 진딧물을 싱싱한 다른 식물로 옮겨 준답니다. 맛있는 감로를 내주는 진딧물이 떼죽음을 당하지 않도록 보금자리를 옮겨 주는 것이지요.

 깊이 들여다보기

더불어 사는 삶, 공생

자연에서 생물들은 서로 먹고 먹히기도 하고, 먹이나 보금자리를 놓고 다투기도 하고, 서로 돕기도 해요. 생물들이 맺는 이러한 관계 가운데 특히 서로 도움을 주고받으며 살아가는 것을 '공생'이라고 합니다.

생물이 공생하는 까닭은 여러 가지예요. 벌꿀길잡이새는 먹이를 얻기 위해 다른 생물을 돕고, 진딧물은 적의 공격을 막기 위해 다른 생물을 도와요. 또 속살이게는 보금자리를 얻기 위해 다른 생물과 함께 산답니다. 이 밖에 새로운 환경으로 옮겨 가기 위해 다른 생물과 공생하는 생물이 있는가 하면, 새끼나 씨앗을 퍼뜨리기 위해 공생하는 생물도 있어요.

공생을 통해 생물들은 서로 도움을 주고받지만, 반드시 양쪽 모두가 이익을 얻는 것은 아니랍니다. 공생이 서로에게 도움이 되는 경우도 있지만(상리 공생), 한쪽만 이익을 보고 다른 한쪽은 이익도 피해도 보지 않는 경우도 있어요(편리 공생). 반대로 두 생물이 함께 살아가지만 한쪽은 이익을 보고 한쪽은 피해만 입는 경우도 있답니다. 이러한 관계를 '기생'이라고 하는데, 기생은 공생과 반대의 뜻을 지니고 있지요.

 벌꿀오소리: 식육목 족제빗과 | 벌꿀길잡이새: 딱따구리목 벌꿀길잡이샛과

벌꿀오소리의 길잡이,
벌꿀길잡이새

벌꿀오소리를 이끄는 수상한 새

아프리카의 울창한 숲속, 조그만 새 한 마리가 요란하게 울며 날아가고 있었어요. 그 소리를 들은 한 벌꿀오소리가 그 새를 따라나섰어요.

새는 벌꿀오소리가 뒤처지면 잠시 기다리다가 벌꿀오소리가 가까워지면 다시 날아가며 길을 안내했어요. 새는 어느덧 커다란 나뭇가지에 내려앉았지요. 그 나무의 줄기에는 조그만 구멍이 뚫려 있었는데, 벌들이 그 안에 집을 짓고 웽웽대며 드나들고 있었어요. 그 모습을 본 벌꿀오소리는 나무 위로 올라가더니 단단한 앞발톱으로 벌집을 덮은 나무껍

질을 뜯어내기 시작했지요. 화가 난 벌들이 떼 지어 몰려나와 날카로운 침으로 쏘아 댔지만 벌꿀오소리는 끄떡도 안 했어요. 아무렇지도 않은 듯 벌집을 꺼내 꿀을 핥아 먹었답니다.

벌꿀오소리는 배를 채운 뒤 어슬렁어슬렁 사라졌어요. 새는 그제야 나뭇가지에서 내려와 벌꿀오소리가 남기고 간 꿀벌의 애벌레와 밀랍(꿀벌이 나무를 갉아 침과 섞어서 만든 물질로, 벌집의 뼈대를 이루는 재료로 쓰인다)을 먹기 시작했지요.

벌꿀오소리를 벌집으로 안내한 이 새는 벌꿀길잡이새예요. 벌꿀길잡이새는 무엇 때문에 맛있는 꿀을 벌꿀오소리한테 넘기고 애벌레와 밀랍만 먹는 걸까요?

벌꿀보다 더 맛있는 밀랍?

벌꿀길잡이새는 아프리카와 아시아의 열대 숲에서 작은 벌레나 나무 열매를 먹고 사는 작은 새예요. 크기는 참새만 하고 색깔도 수수해서 눈에 잘 안 띄지요. 그런데 이 조그만 새한테는 아주 독특한 식사 습관이 있답니다. 놀랍게도 밀랍을 먹는 거예요.

밀랍은 소화가 잘 안 되기 때문에 먹는 동물들이 거의 없어요. 하지만 벌꿀길잡이새는 밀랍을 좋아하고 밀랍을 소화하는 능력도 갖고 있어요. 밀랍 냄새를 잘 맡아 벌집도 잘 찾아내고요.

그런데 벌꿀길잡이새는 벌집을 찾아 놓고도 혼자서는 밀랍을 먹지 못한답니다. 벌집은 대개 나무줄기 속에 지어져 있는데, 벌꿀길잡이새의 부리로는 튼튼한 나무껍질을 떼어 내지 못하기 때문이지요.

벌꿀길잡이새가 벌꿀오소리를 벌집이 있는 곳으로 안내하는 까닭은 여기에 있어요. 벌꿀이라면 사족을 못 쓰는 힘센 벌꿀오소리를 데려가서, 자기 대신에 나무껍질을 떼어 내고 벌집을 꺼내게 하려는 거지요.

그런데 벌꿀오소리는 왜 혼자 벌꿀을 찾지 않고 벌꿀길잡이새와 짝을 지어 벌집 사냥에 나설까요?

벌꿀길잡이새

벌집 부수기 대장, 벌꿀오소리

벌꿀오소리는 아프리카와 아시아의 열대 숲에 사는 오소리예요. 쥐, 다람쥐 같은 작은 동물과 과일, 벌꿀 따위를 즐겨 먹는데 벌꿀은 벌꿀오소리가 특히 좋아하는 먹이예요.

그런데 안타깝게도 벌꿀오소리는 혼자서는 벌집을 잘 찾지 못한답니다. 벌집은 대개 나무줄기나 바위틈의 구멍 속에 숨어 있

벌꿀오소리

는데, 벌꿀오소리는 눈이 별로 좋지 않거든요.

그래서 벌꿀오소리는 벌꿀길잡이새와 함께 벌집 사냥을 해요. 벌집은 잘 찾지만 힘이 약해 벌집을 꺼내지 못하는 벌꿀길잡이새를 도와주고 맛있는 꿀을 마음껏 먹는 거지요.

벌꿀오소리는 앞발톱이 튼튼하고 갈고리 모양으로 구부러져 있어 나무껍질을 잘 떼어 낼 수 있어요. 또, 두껍고 헐거운 피부를 갖고 있어서 벌침에 쏘여도 끄떡없고요. 그래서 벌꿀오소리는 벌 떼의 공격에 아랑곳없이 나무껍질을 뜯어내고 벌집을 꺼내 맛있는 벌꿀을 마음껏 핥아 먹어요. 그리고 애벌레와 밀랍 벌집은 길 안내를 해 준 벌꿀길잡이새를 위해 남겨 둔답니다.

앞에서 끌어 주고 뒤에서 밀어 주는 단짝

밀랍과 애벌레를 좋아하지만 힘이 약해 혼자서는 벌집을 부술 수 없는 벌꿀길잡이새와, 벌꿀을 좋아하지만 눈이 나빠 혼자서는 벌집을 찾지 못하는 벌꿀오소리. 둘은 저마다 약점을 갖고 있지만, 이렇게 힘을 모아 맛있는 먹이를 얻고 있어요. 그야말로 '앞

에서 끌어 주고 뒤에서 밀어 주는' 손발이 척척 맞는 단짝이랍니다.

 더 알아보기

남의 둥지에 알을 낳는 **벌꿀길잡이새**

몇몇 벌꿀길잡이새들은 다른 새에게 알을 맡겨 기르는 습성이 있어요. 딱따구리처럼 나무 구멍 속에 둥지를 짓는 새들을 눈여겨보았다가, 둥지 주인이 자리를 비운 사이에 그 둥지에 자기 알을 하나씩 낳아 두고 오는 거예요. 아무것도 모르는 둥지 주인은 벌꿀길잡이새의 알이 자기 알인 줄 알고 애지중지 품어 주지요. 그런데 알에서 갓 깨어난 새끼 벌꿀길잡이새는 무서운 일을 해요. 부리에 일시적으로 돋아난 갈고리 모양의 돌기로, 먼저 부화했거나 아직 부화하지 못한 다른 새끼들을 죽이는 거예요. 먹이를 독차지하기 위해서랍니다.

바다이구아나: 뱀목 이구아나과 | 갈라파고스붉은게: 십각목 바위겟과

바다이구아나의 기생충 청소부, 갈라파고스붉은게

왜 자꾸 남의 등을 꼬집는 거야?

갈라파고스 제도의 한 섬, 푸른 물결이 일렁이는 바다에서 헤엄을 치던 바다이구아나가 바위 위로 올라와 햇볕을 쬐기 시작했어요. 그러자 붉은색의 자그마한 게들이 바다이구아나한테로 몰려들었어요. 게들은 덩치 큰 바다이구아나가 무섭지도 않은지 바다이구아나의 몸 위로 올라가 집게발로 등을 콕콕 꼬집었어요.

그런데 바다이구아나는 게들을 떼어 내지 않고 가만히 누워 있었어요. 왜 바다이구아나는 자기 등을 함부로 꼬집는 버릇없는 게들을 혼내 주지 않는 걸까요?

바다이구아나를 못살게 구는 악당들

바다이구아나는 갈라파고스 제도에서만 볼 수 있는 희귀한 동물이에요. 도마뱀 종류에 속하는 동물 가운데 유일하게 바다에서 살고, 생김새도 무척 독특해요. 꼬리를 뺀 몸길이가 1미터 정도로, 몸이 우둘투둘한 비늘로 덮여 있고 등줄기에 뾰족뾰족한 볏이 달려 있어 마치 작은 공룡 같아 보이지요.

하지만 겉보기와 달리 바다이구아나는 순한 동물이에요. 바위가 많은 바닷가에서 수백 마리가 함께 모여 사는데 번식기에 수컷들이 이따금 세력권 다툼을 벌일 뿐, 좀처럼 서로 다투는 법이 없어요. 또, 다른 동물을 공격하지도 않는답니다. 배가 고프면 바다로 들어가 바닷말을 뜯어 먹고, 배가 부르면 양지바른 바위 위로 올라와 얌전히 햇볕을 쬐지요.

이렇게 온순하다 보니 바다이구아나가 바위 위에 앉아 있으면 갈매기와 갈라파고스매는 걸핏하면 부리로 쪼며 못살게 굴어요. 그래도 바다이구아나는 덤벼들지 않아요. 바다로 첨벙 뛰어들어 성가신 새들을 따돌릴 뿐이

바다이구아나

지요.

그런데 바다이구아나한테는 아무리 따돌리려고 해도 따돌릴 수 없는 적이 있어요. 바로 진드기를 비롯한 작은 기생충들이에요. 특히 진드기는 바다이구아나의 등에 점처럼 달라붙어 피를 빠는데, 한번 달라붙으면 평생 떨어질 줄 몰라요. 바다이구아나는 진드기 때문에 병을 앓거나 목숨을 잃기도 한답니다.

갈라파고스붉은게들이 집게발로 등을 꼬집어도 바다이구아나가 가만히 있는 까닭은 여기에 있어요. 갈라파고스붉은게들은 기생충 때문에 고통받는 바다이구아나를 도와주는 고마운 친구거든요. 바다이구아나의 등을 꼬집는 것처럼 보이는 행동도 알고 보면 진드기와 기생충을 잡는 모습이랍니다.

갈라파고스붉은게가 찾아낸 느림보 먹이

갈라파고스붉은게는 갈라파고스 제도의 바닷가에 사는 자그마한 게예요. 이름 그대로 붉은색을 띠고 있는데, 바닷가 바위 위를 좋아해서 바다이구아나가 사는 암초 지대에 백여 마리씩 떼 지어 나타나지요.

갈라파고스붉은게도 다른 게들처럼 네 쌍의 다리로 기어다니며 한 쌍의 커다란 집게발로 먹이를 사냥해요. 그런데 움직임이 어

찌나 재빠른지 좀처럼 잡을 수가 없답니다. 위협을 느끼면 눈 깜짝할 사이에 바위틈이나 물속으로 달아나 버리지요.

하지만 갈라파고스 제도의 바닷가에서는 갈라파고스붉은게만 재빠른 것이 아니에요. 붉은게의 먹이가 되는 작은 벌레들도 무척 재빠르지요. 바닷가는 트여 있어 숨을 곳이 많지 않기 때문에 위협이 닥치면 일단 달아나야 하거든요.

갈라파고스붉은게가 바다이구아나를 돕게 된 까닭은 여기에 있어요. 모두가 재빠르게 움직이는 바닷가에서 굼벵이보다 느린 사냥감을 발견한 거예요. 바로 바다이구아나의 등에 달라붙어 떨어질 줄 모르는 진드기와 기생충들이랍니다.

그래서 갈라파고스붉은게는 바다이구아나와 친구가 되었어요. 바다이구아나가 바닷말을 배불리 뜯어 먹고 물 위로 올라오면 등 위로 올라가 크고 뾰족한 집게발로 진드기들을 쏙쏙 빼 먹으며 살게 된 거예요.

우정이 피어나는 아름다운 갈라파고스섬

갈라파고스붉은게는 바다이구아나를 괴롭히는 진드기와 기생충을 없애 주는 고마운 친구라는 걸 이제 알겠죠? 공룡처럼 험상궂어 보이는 바다이구아나도 사실은 바닷말을 먹고 사는 순하디순한 동물이고요. 그러니 무엇이든 겉만 보고 판단하지 마세요. 유심히 들여다보지 않았다면 그 조그만 갈라파고스붉은게와 커다란 바다이구아나가 서로 없어서는 안 될 친구라는 걸 어떻게 알 수 있었겠어요?

세력권

동물들이 새끼를 낳아 기르거나 잠을 잘 둥지를 만들거나 먹이를 구해 먹으려면 일정한 넓이의 공간이 필요해요. 바로 이 공간을 세력권이라고 하지요. 세력권은 동물이 살아가고 자손을 남기는 문제에 큰 영향을 미쳐요. 세력권을 확보하지 못하면 동물은 살아남을 수도, 짝짓기를 하여 새끼를 낳을 수도 없지요. 그래서 순한 바다이구아나도 짝짓기 시기가 되면 치열한 세력권 다툼을 벌인답니다. 충분한 세력권을 확보하지 못한 수컷은 암컷의 선택을 받지 못해 결국 새끼를 낳지 못하기 때문이지요.

깊이 들여다보기

생물학의 역사를 바꾼 갈라파고스 제도

갈라파고스 제도는 남아메리카 에콰도르에서 서쪽으로 약 1000킬로미터 떨어진 곳에 있어요. 13개의 큰 섬과 6개의 작은 섬, 그리고 수많은 암초로 이루어져 있는데 육지로부터 멀리 떨어져 있기 때문에 대륙에서 동식물이 건너가기가 어렵지요. 그래서 갈라파고스 제도에는 다른 곳에서 볼 수 없는 독특한 동식물이 많아요. 갈라파고스황소거북, 바다이구아나와 갈라파고스방울새 등이 대표적이지요.

갈라파고스 제도에서는 이웃한 섬들 사이에도 동식물의 모습이 조금씩 달라요. 예를 들어 갈라파고스방울새는 사는 곳과 먹이의 종류에 따라 부리의 모양이 조금씩 다르답니다. 원래는 모두 한 종이었지만 환경에 적응하는 과정에서 부리 모양이 조금씩 달라지게 되었다고 해요.

진화론을 주장한 영국의 생물학자 찰스 다윈은 갈라파고스 제도에서 동식물을 관찰한 결과를 담아 1859년에 《종의 기원》이라는 책을 썼어요. 이 책에는 환경에 적응하는 생물 종은 살아남고, 환경에 적응하지 못하는 종은 사라진다는 주장이 담겨 있었지요. 이 책은 모든 동식물은 신이 세상을 창조했을 때와 똑같은 모습을 하고 있다고 믿던 당시 사람들에게 큰 충격을 주었어요.

진화론이 태어나게 한 곳으로 현대 생물학에 큰 영향을 미친 갈라파고스 제도는 오늘날 또다시 생물학계의 큰 관심을 불러일으키고 있답니다. 갈라파고스 제도 주변에 있는 2600미터 깊이의 바닷속에는 350도가 넘는 뜨거운 유

황물이 솟구치는 열수 분출공이 있는데, 이곳에서 유황을 가지고 에너지를 얻는 세균과, 길이가 3미터나 되는 관벌레, 축구공만 한 조개를 비롯한 새로운 생물들이 많이 발견되었거든요. 과학자들은 이곳의 환경이 생명이 탄생할 무렵의 지구와 비슷하다고 보고, 열수 분출공의 생태계를 연구해 지구에서 생명이 어떻게 탄생하게 되었는지를 밝혀내려고 노력하고 있답니다.

 소: 소목 솟과 | 쇠똥구리: 딱정벌레목 쇠똥구릿과

똥 덩어리를 주고받는
소와 쇠똥구리

힘겨운 쇠똥 나르기

쇠똥이 사방에 널린 목장에서 자그마한 곤충 하나가 부지런히 일을 하고 있었어요. 바로 쇠똥구리였지요. 쇠똥구리는 쇠똥을 경단만 하게 빚어서는, 물구나무서기를 하고 뒷다리로 힘차게 굴리기 시작했어요.

그런데 대굴대굴 잘 굴러가던 쇠똥 경단이 그만 돌부리에 걸리고 말았어요. 쇠똥구리는 계속 힘차게 밀었지만, 쇠똥 경단은 꼼짝하지 않았어요. 하지만 쇠똥구리는 포기하지 않

앉어요. 몇 분 동안 쇠똥 경단을 붙잡고 씨름을 하더니 기어이 장애물에서 벗어났어요.

 쇠똥구리는 그 뒤로도 몇 번이나 장애물에 부딪혔어요. 하지만 결국 쇠똥 경단을 땅속에 있는 자기 굴까지 굴려 갔답니다.

 쇠똥구리는 무엇 때문에 이렇게 고생스러운 일을 한 걸까요?

맛 좋고 영양 많은 쇠똥

쇠똥구리는 딱정벌레목에 속하는 자그마한 곤충이에요. 몸길이가 0.5~3센티미터 정도인데 몸빛이 검고 광택이 나지요.

쇠똥구리는 산악 지대의 넓은 목장이나 열대 초원 등 주로 소가 풀을 뜯는 곳에서 살아요. 소, 말, 코끼리, 원숭이, 사람 같은 포유동물이 싼 똥을 먹는데, 특히 소처럼 큰 초식 동물이 싼 푸짐한 똥을 좋아한답니다.

사실 소는 자기가 먹은 음식을 모두 소화하지 못해요. 일부만 소화하고 나머지는 모두 몸 밖으로 내보내지요. 그래서 쇠똥은 다른 동물의 똥에 비해 푸짐하고 영양분이 풍부하답니다. 쇠똥에는 단백질, 박테리아, 효모 등 쇠똥구리가 양분으로 쓸 수 있는 것이 아주 많이 들어 있어요. 게다가 쇠똥은 생명이 없어 달아나거나 누군가를 공격하지 않으니 자그마한 쇠똥구리한테는 이만큼 구하기 쉬운 먹이도 없는 셈이지요.

쇠똥구리는 이 훌륭한 먹이를 아무렇게나 먹지 않아요. 흙과 뭉쳐서 경단 모양으로 곱게 빚은 다음, 땅속

쇠똥구리

에 있는 자기 보금자리로 가져가서 먹는답니다. 또 쇠똥구리는 이 쇠똥 경단을 새끼를 키우는 요람으로도 이용해요. 쇠똥 경단에 알을 낳아, 알에서 깨어난 애  벌레가 쇠똥을 먹으며 자라게 하는 거예요. 새끼에게 과자로 된 집을 지어 주는 것과 마찬가지이지요.

그래서 쇠똥구리는 소 주변을 맴돌며 부지런히 쇠똥 경단을 빚어 자기 굴속으로 나른답니다. 그런데 쇠똥구리의 이런 행동은 뜻하지 않게 소한테도 큰 도움이 된답니다.

자기 똥 때문에 고생하는 소

소는 우리 주위에서 가장 흔하게 볼 수 있는 동물 가운데 하나예요. 들판에서 풀을 뜯어 먹고 사는 초식 동물로, 다 자라면 몸무게가 약 300~400킬로그램까지 나가지요. 소는 몸집이 큰 만큼 먹이도 많이 먹어요. 깨어 있는 시간 대부분을 풀을 뜯거나 삼킨 풀을 되새기는 일에 쓰지요. 그러니 똥은 또 얼마나 많이 쌀까

요? 소는 하루 평균 10~15개의 커다란 똥을 싼답니다. 그 탓에 소가 풀을 뜯는 곳 주위는 온통 쇠똥 천지가 되지요.

　사방에 똥이 널려 있으면 냄새도 지독하지만 위생상 문제가 많아요. 똥 때문에 못된 침파리가 꼬이거든요. 침파리는 소의 등에 달라붙어 피를 빨아 먹고 질병을 옮기는 곤란한 녀석이에요. 똥 냄새를 맡고 소 주위로 모여든 침파리는 쇠똥에 알까지 낳는답니다. 그럼 알에서 깨어난 침파리 애벌레들은 쇠똥을 먹으며 자라 제 어미처럼 소의 피를 빨며 살게 되는 거예요.

　그렇다고 똥을 몸속에 쌓아 둘 수도 없는 노릇이니, 쇠똥은 소에게 정말 이러지도 저러지도 못하는 골칫거리일 수밖에 없어요. 쇠똥구리가 소한테 도움이 되는 까닭도 여기에 있어요. 쇠똥구리가 쇠똥을 땅속 굴로 가져가면 소 주위에 침파리가 꼬일 일이 줄어들게 되니까요.

별난 우정, 별난 공생

여름 들판에서 소는 쇠똥구리가 무엇을 하건 상관하지 않고 풀을 뜯어 배를 채우기에 바빠요. 쇠똥구리는 쇠똥구리대로 소가 무슨 일을 하든지 상관없이 쇠똥 경단을 빚어 굴로 가져가기 바쁘고요.

하지만 서로 아무 관계도 없어 보이는 이 커다란 초식 동물과 자그마한 곤충은 가만히 들여다보면 '똥'을 끈으로 서로 떼려야 뗄 수 없는 우정을 나누고 있어요. 그런데도 아무 사이도 아닌 척 시치미를 뚝 떼고 있으니 이렇게 능청맞은 친구들이 또 있을까요?

자연의 청소부, 쇠똥구리

야생 동물의 왕국이라고 일컬어지는 아프리카의 세렝게티 국립 공원과 마사이마라 국립 보호구에는 누, 코끼리, 얼룩말, 영양, 임팔라 같은 커다란 초식 동물이 아주 많이 모여 살아요. 그래서 동물들이 하루에 싸는 똥의 양도 엄청나지요. 그런데도 이 열대 초원이 똥 바다가 되지 않는 데는 쇠똥구리의 노력이 숨어 있답니다. 초식 동물들이 똥을 싸기 무섭게 쇠똥구리가 와글와글 모여들어 싹싹 치워 주거든요. 그래서 사람들은 쇠똥구리를 '자연의 청소부'라고 부른답니다.

 납줄개: 잉어목 잉엇과 | 말조개: 석패목 석패과

새끼를 바꿔 키우는
납줄개와 말조개

왜 남의 몸에다 알을 낳는 거야?

　민물고기들이 한창 짝짓기를 하는 5월. 강물 속에서 물고기 한 쌍이 급히 어디론가 헤엄쳐 가고 있었어요. 수컷의 몸이 붉어지고 암컷의 아랫배에 길게 산란관(알을 낳는 기관)을 드리운 것을 보니, 아무래도 알을 낳을 때가 된 것 같았어요.

　그런데 이 물고기들의 암컷은 다른 물고기들처럼 물풀 뒤나 강바닥의 돌 밑에 알을 낳지 않았어요. 모래에 반쯤 파묻혀 있는 조개의 몸속에 산란관을 꽂고 알을 낳았답니다!

　조개의 몸에 알을 낳는 이 물고기는 '납줄개'예요. 납줄개는 왜 조개의 몸에다 알을 낳는 걸까요?

우리 새끼 좀 키워 주세요

납줄개는 유럽 중남부와 아시아의 동북부에 퍼져 있는 잉엇과의 물고기예요. 몸길이가 6센티미터 정도이고, 강이나 개울에서 플랑크톤을 먹고 살다가 4~6월에 알을 낳아 번식하지요.

그런데 납줄개 암컷은 이상한 곳에 알을 낳는답니다. '말조개'라는 민물조개의 출수관에 산란관을 꽂고 조개의 몸속에 알을 낳는 거예요. 그러니 수컷이라고 별 수 있겠어요? 알을 수정시키기 위해 말조개에게 정액을 내뿜는답니다.

수정된 납줄개의 알은 말조개의 몸속에서 깨어나 자라납니다. 결국 납줄개는 새끼를 말조개에게 맡겨 키우는 셈이지요.

그런데 납줄개의 이 이상한 행동에는 자식에 대한 깊은 사랑이 숨어 있답니다. 물고기의 알과 새끼는 스스로를 지킬 힘이 없습니다. 대부분 다른 물고기나 개구리, 물에 사는 곤충들에게 잡아먹히지요. 그래서 납줄개는 말조개의 몸속에 알을 낳는 거예요. 말조개의 크고 단단한 껍데기 속에서는 새끼들이 좀 더 안전하게 자랄 수 있을 테니까요.

아니나 다를까, 납줄개는 여느 물

납줄개

고기보다 알을 적게 낳는데 대부분 무사히 깨어난답니다. 알을 깨고 나온 새끼 납줄개들도 말조개의 껍데기 속에서 무럭무럭 자라나 한 달 뒤에는 대부분 물속으로 빠져나오지요.

말조개는 왜 납줄개에게 이렇게 큰 친절을 베푸는 걸까요?

납줄개한테 가서 크는 새끼 말조개

말조개는 강과 호수의 바닥에 사는 조개예요. 껍데기 길이가 약 7센티미터로 민물조개 중에서 조금 큰 편이지요.

말조개는 여느 조개처럼 입수관으로 물을 빨아들여 유기물과 플랑크톤을 걸러 먹고 출수관으로 남은 물과 배설물을 내보내며 살아가요. 그런데 번식 방법은 여느 조개와 다르답니다.

조개류는 대부분 암컷이 물속으로 알을 뿜어내면 수컷이 정자를 뿜어내 수정시켜요. 수정된 새끼 조개는 물속을 떠다니다가 어느 정도 자라면 바닥에서 정착 생활을 시작하고요. 그런데 말조개는 특이하게도 몸속에서 알을 수정시키고 부화시킨답니다.

말조개

말조개는 새끼들이 알을 깨고 나오면 출수관을 통해 새끼들을 물속으로 내뿜어요. 그것도 아무 때나 내뿜지 않고 납줄개가 자기 몸에 알을 낳으려고 다가올 때 납줄개를 향해 새끼들을 확 뿜어내지요.

그러면 새끼 말조개들은 납줄개가 제 어미라도 되는 양 헤엄쳐 갑니다. 그리고는 납줄개의 몸에 찰싹 달라붙어 양분을 빨아 먹다가 20~30일이 지나 혼자 살 수 있을 만큼 자라면 납줄개의 몸에서 떨어져 강바닥에 자리를 잡습니다. 결국 말조개의 새끼들은 제 어미가 납줄개의 새끼들을 돌보는 동안 납줄개의 보살핌을 받으며 자라는 셈이지요.

우리 새끼 좀 퍼뜨려 주세요

납줄개와 말조개가 서로서로 새끼를 바꿔 키우는 것을 보면, "어휴, 참 이상한 부모들이야!" 하는 생각이 들기도 하지요. 하지만 말조개가 이런 행동을 하는 데도 자식에 대한 깊은 사랑이 숨어 있답니다. 같은 먹이와 생활 환경을 필요로 하는 생물이 한곳

에 너무 많이 모여 있으면 먹이와 생활 공간이 부족해지기 쉬워요. 환경에 변화가 생겼을 때 떼죽음을 당할 위험도 있고요. 그래서 말조개는 납줄개의 몸에 새끼들을 붙인답니다. 새끼들이 여러 곳에 흩어져서 살게 하기 위해서지요.

새끼 말조개는 어떻게 납줄개의 몸에 달라붙을까?

갓 부화한 새끼 조개를 '글로키디움'이라고 해요. 말조개의 글로키디움은 크기가 0.4밀리미터 정도인데, 몸에 기다란 실과 집게 모양의 껍데기가 있어요. 어미 말조개가 출수관으로 글로키디움을 쏘아 보내면, 말조개의 글로키디움은 지나가는 납줄개의 몸에 실을 감아 걸어요. 그러고는 집게 모양의 단단한 껍데기로 납줄개의 아가미나 지느러미, 눈 위, 콧잔등 같은 곳을 찍어 찰싹 달라붙지요. 이 날카롭고 단단한 조개껍데기 덕분에 말조개의 글로키디움은 납줄개의 몸에서 떨어지지 않는답니다.

글로키디움

곰치: 뱀장어목 곰칫과 | 청소놀래기: 농어목 놀래깃과

곰치의 청소부가 된
청소놀래기

무시무시한 곰치의 입속으로

달빛이 은은한 깊은 밤. 열대 바닷속 산호초에서 곰치 한 마리가 굴에 숨어 바깥을 살피고 있었어요. 그때 조그만 물고기 한 마리가 곰치의 굴 앞을 지나갔어요. 순간, 곰치는 기다란 몸을 쑥 내밀어 날카로운 이빨로 그 물고기를 콱 물었어요.

얼마 뒤, 검은 바탕에 청백색 줄무늬가 선명한 작은 물고기들이 다시 곰치의 굴 앞으로 헤엄쳐 왔어요.

그런데 방금 배를 채운 탓일까요? 곰치는 이 물고기들한테 신경도 쓰지 않았어요. 그러자 그 조그

만 물고기들은 곰치의 살갗을 물어뜯고 아가미까지 콕콕 쪼았답니다. 그뿐이 아니었어요. 곰치가 입을 벌리자 겁도 없이 그 커다란 입속으로 쏙 들어갔어요. 이 물고기들은 과연 살아 나올 수 있을까요?

아유, 지긋지긋한 기생충!

곰치는 열대 바다의 산호초에 사는 물고기예요. 몸이 뱀장어처럼 길쭉하고 다 자라면 몸길이가 60센티미터~3미터에 이르지요. 곰치는 이 기다란 몸을 산호초에 난 굴속에 숨기고 낮에는 휴식을 취해요. 그러다가 해가 지면 굴 밖으로 몸을 내밀어 지나가는 동물들을 잡아먹지요. 곰치는 새우, 게, 오징어, 문어, 크고 작은 물고기 등 먹이가 될 만한 것은 무엇이든 잡아먹고, 한번 문 먹이는 절대로 놓치지 않는답니다. 그래서 산호초 지대의 무서운 사냥꾼으로 통해요.

그런데 이 무서운 사냥꾼한테도 적이 있어요. 그 적은 상어나 고래처럼 큰 동물이 아니라, 맨눈에는 잘 보이지도 않는 작은 기생충들이랍니다. 산호초 지대의 내로라하는 무서운 사냥꾼이 자그마한 기생충 때문에 고생을 하는 거예요. 아가미에 달라붙은 기생충 때문에 숨이 막히기도 하고, 피부에 달라붙은 기생충 때문에 상처가 나고 염증이 생기기도 하지요. 심지어 목숨을 잃기도 해요. 하지만 곰치 역시 자기 힘으로 기생충들을 없앨 수가 없답니다.

곰치

답답한 마음에 곰치는 이따금 산호초나 바위 벽에 몸을 비비기도 해요. 하지만 상처가 덧나기만 할 뿐, 그 정도로는 몸에 있는 기생충들을 없앨 수가 없어요. 그런데 이런 곰치에게 다가와 골치 아픈 기생충을 없애 주는 고마운 친구가 있어요. 곰치의 살갗과 아가미를 쪼고 입속으로도 드나드는 물고기, 바로 청소놀래기가 그 주인공이랍니다.

바닷속 의사 선생님

청소놀래기는 온대 및 열대 바다의 산호초에서 사는 놀래기류의 물고기 가운데 몸길이가 5~6센티미터밖에 안 되는 작은 물고기들을 통틀어 가리키는 말이에요.

그런데 이 자그만 물고기들은 아주 재미있는 곳에서 먹이를 사냥한답니다. 자기처럼 작은 물고기를 잡아먹는 곰치 같은 큰 물고기의 몸을 사냥터로 삼는 거예요. 그러다가 큰 물고기한테 잡아먹히지 않느냐고요? 걱정 마세요. 그런 일은 일어나지 않는답니다.

청소놀래기는 큰 물고기의 몸에 달라붙어 해를 끼치는 기생충과 상처 난 피부, 이빨 사이에 낀 고깃덩어리 따위를 먹고 살아요. 덕분에 큰 물고기들은 질병을 예방하고 상처를 치료할 수 있

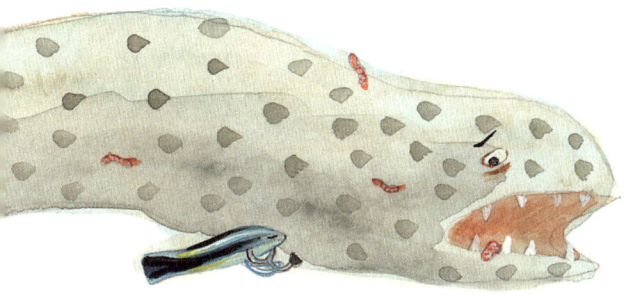

지요. 그러니 어떤 물고기가 청소놀래기를 싫어하겠어요? 동물들도 자기한테 해를 끼치는 적과 도움을 주는 친구는 구별할 수 있어요. 더욱이 청소놀래기는 "나는 여러분의 병을 고쳐 주는 의사입니다." 하고 알리듯이 눈에 확 띄는 몸빛을 하고 있어요. 그래서 곰치를 비롯해 평소에 작은 물고기를 잡아먹는 큰 물고기한테도 절대로 잡아먹히지 않는답니다.

청소놀래기는 산호초 지대에서도 물고기들이 가장 많이 지나다니는 길목에 여러 마리가 모여 있는 경우가 많아요. 그러면 곰치 같은 큰 물고기들은 그곳이 병원이라도 되는 양 찾아오지요. 그러고선 자기 몸에 달라붙은 기생충이나 이빨 사이에 낀 고기 찌꺼기를 보여 준답니다. 청소놀래기가 편안히 기생충을 잡아먹고 이빨 사이에 낀 고기 찌꺼기를 떼어 먹을 수 있도록 이리저리 몸을 움직여 주기도 하고요.

치료를 받고 싶으면 산호초로 찾아오세요

청소놀래기는 곰치 같은 큰 물고기들의 몸에서 기생충과 고기

찌꺼기, 그리고 상처 난 살을 떼어 먹으며 살아가요. 덕분에 먹이를 쉽게 구하고 목숨을 위협받지도 않지요. 그렇다고 청소놀래기가 마냥 편안하게 살아가는 것은 아니랍니다. 청소놀래기들이 모여 있는 산호초에는 치료를 받기 위해 찾아오는 물고기들이 줄을 잇거든요. 그 탓에 청소놀래기들은 6시간 동안 300마리가 넘는 물고기를 치료해 주기도 한대요. 의사 선생님 노릇을 하느라 눈코 뜰 새 없이 바쁘게 살아가는 거지요.

가짜 청소놀래기를 조심하세요

열대 바다의 산호초에는 청소놀래기를 흉내 내어 다른 물고기들에게 해를 끼치는 물고기가 있어요. 청소놀래기와 생김새며 크기, 색깔이 아주 비슷한 이 물고기는 자기가 청소놀래기인 척 큰 물고기한테 다가가서는 아가미나 살갗을 뜯어 먹어 큰 상처를 입힌답니다.

청소놀래기　　　　　　　　　가짜 청소놀래기

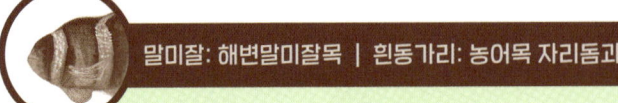

말미잘: 해변말미잘목 | 흰동가리: 농어목 자리돔과

말미잘의 먹이를 구해 주는
흰동가리

저 무시무시한 촉수 속의 물고기는?

맑고 푸른 바닷속 산호초에서 말미잘 한 마리가 촉수를 하늘거리고 있었어요. 그리고 밝은 오렌지색 바탕에 하얀 띠가 선명한 물고기 한 마리가 꽃잎에 내려앉은 나비처럼 말미잘의 촉수 사이에서 쉬고 있었지요.

그 아름다운 모습에 이끌렸던 걸까요? 또 다른 물고기 한 마리가 말미잘의 촉수 쪽으로 헤엄쳐 갔어요. 하지만 말미잘의 촉

수에 닿은 순간, 그 물고기는 몸이 뻣뻣하게 굳고 말았어요. 말미잘은 그 틈을 놓치지 않고 촉수 사이에 감추고 있던 입으로 그 물고기를 꿀꺽 삼켰답니다. 꽃잎처럼 하늘거리던 아름다운 촉수는 말미잘의 사냥 무기였던 거예요.

그렇다면 말미잘의 촉수 사이에 있으면서도 잡아먹히지 않은 물고기는 무엇일까요? 그 물고기는 어떻게 말미잘의 공격을 피할 수 있었을까요?

말미잘의 촉수는 철통 같은 요새

말미잘의 촉수 사이에서 놀던 물고기는 흰동가리예요. 인도양과 태평양에 사는데, 산호초가 많고 맑고 깨끗한 바다에서 플랑크톤, 해조류 등을 먹고 살지요. 몸길이는 10~15센티미터 정도이고 옆으로 납작하며 빛깔이 무척 화려해요. 빨강, 주황, 노랑, 검정색 바탕에 흰색 세로 줄무늬가 새겨져 있어요. 그중 대표적인 것이 오렌지색 바탕에 하얀색 띠를 두른 '암피프리온 페르쿨라'인데 몸빛이 어찌나 화려한지 멀리서도 눈에 확 들어온답니다.

흰동가리

자그마한 물고기가 이렇게 화려하면, 잡아먹으려고 덤비는 물고기가 얼마나 많을까요? 그래서 흰동가리는 철통 같은 요새 속, 바로 말미잘의 촉수 사이에서 산답니다.

말미잘의 구조

말미잘의 촉수에는 '자포'라는 주머니가 있어요. 이 주머니는 평소에는 뚜껑으로 덮여 있다가 자극을 받으면 독침을 발사하는데, 독침에 맞은 물고기는 몸에 독이 퍼져 죽거나 움직이지 못하지요. 그러면 말미잘은 촉수 사이에 숨어 있는 입으로 물고기를 꿀꺽 삼켜 버립니다.

흰동가리는 말미잘의 이 무서운 촉수를 이용해 적을 물리쳐요. 흰동가리는 신기하게도 말미잘의 독을 이길 수 있는 면역을 갖고 있거든요. 그래서 흰동가리는 평소에 말미잘의 촉수 사이에서 지내요. 밖에서 헤엄을 치다가도 적이 다가오면 말미잘의 촉수 사이로 숨어 버리고요.

말미잘의 촉수 사이에 있으면, 제아무리 크고 사나운 물고기도 흰동가리를 쉽게 공격하지 못해요. 간혹 경험 없는 사냥꾼들이 말미잘 사이에 있는 흰동가리를 잡아먹겠다고 덤비기도 하지만, 결

61

국에는 도리어 혼이 난답니다. 흰동가리를 잡아먹으려고 다가가면, 말미잘이 자기를 공격하러 오는 줄 알고 촉수로 독침을 쏘거든요. 그러니 흰동가리에게는 말미잘의 촉수만큼 훌륭한 방어 무기가 없는 셈이지요.

그런데 말미잘은 어떨까요? 말미잘한테도 흰동가리가 도움이 될까요?

사냥감을 불러 모아 주는 흰동가리

말미잘은 산호초나 바다 밑바닥의 바위에 달라붙어 사는 동물로, 생김새가 무척 독특해요. 몸은 속이 빈 원통 모양을 하고 있고, 입 주위에 꽃잎 모양의 화려한 촉수가 달려 있어 마치 바다에 핀 꽃 같지요.

말미잘은 입으로 삼킬 수 있는 것이라면 무엇이든 잡아먹는 무서운 사냥꾼이에요. 꽃잎 같은 촉수로 무서운 독침을 쏘아 플랑크톤을 비롯하여 작은 물고기, 새우, 게 등 자기보다 작은 동물은 무엇이든 잡아먹지요.

하지만 이 무서운 사냥꾼에게도 한 가지 걱정거리가 있어요. 말미잘은 동물인데도 자유롭게 돌아다니지 못한답니다. 대개 다른 동물이나 단단한 물체의 표면에 달라붙어 사는데, 쉬지 않고 움

직여도 한 시간에 몇 센티미터밖에 못 가지요. 그 탓에 말미잘은 훌륭한 사냥 무기를 가지고도 마음껏 먹이를 사냥할 수 없답니다. 늘 한자리를 지키며 사냥감이 제 발로 찾아오기를 기다려야 하지요.

말미잘이 자기 촉수 사이에 사는 흰동가리를 공격하지 않는 까닭도 여기에 있어요. 흰동가리가 말미잘의 촉수 사이에 있으면, 눈에 확 띄는 화려한 몸빛을 보고 잡아먹으려고 덤비는 물고기들이 있거든요. 덕분에 말미잘은 애써 돌아다니지 않아도 먹이를 사냥할 수 있게 되고요.

흰동가리는 절대로 찌르지 않아요

말미잘의 촉수 속에서 사는 덕에 흰동가리는 무서운 사냥꾼의 공격을 피할 수 있어요. 그리고 고마운 말미잘을 위해 살아 있는 미끼가 되어 사냥감을 불러들여 주지요.

앞서 말했듯이, 흰동가리는 말미잘의 독을 이길 수 있어요. 말미잘의 촉수에 아무리 쏘여도 목숨을 잃지 않지요. 하지만 말미잘은 사냥감을 불러들여 주는 이 고마운 친구를 몹시 걱정해요. 혹시라도 자신의 촉수가 흰동가리에게 해를 입힐까 봐, 흰동가리가 촉수 사이에 있을 때는 촉수를 도르르 말고 있답니다.

말미잘의 또 다른 공생, 집게

말미잘 중에는 집게와 공생하는 종류도 있어요. 집게는 적의 공격을 막기 위해 빈 고둥이나 소라의 껍데기 속에 들어가서 살아요. 이 집게의 껍데기 표면에 말미잘이 붙어사는 거예요. 집게의 껍데기에 붙어살면, 한 곳에 붙어사는 다른 말미잘보다 새로운 환경으로 자주 옮겨 다닐 수 있고, 먹이를 사냥하는 데도 유리하기 때문이지요. 집게의 입장에서는 무성한 말미잘의 촉수가 자신을 숨겨 줄 뿐 아니라 촉수에 있는 자포의 독으로 적을 물리칠 수 있으니 좋고요. 그래서 집게는 말미잘을 기꺼이 자신의 껍데기에 짊어지고 다닌답니다.

수컷이 암컷으로 바뀌는 흰동가리

커다란 말미잘에는 흰동가리가 몇 마리씩 모여 살기도 해요. 이 흰동가리들의 성별을 살펴보면 어김없이 가장 큰 것이 암컷이고 나머지는 모두 수컷이랍니다. 그런데 이 커다란 암컷이 죽고 나면 흰동가리들 사이에서 이상한 일이 일어나요. 남아 있는 수컷 가운데 가장 큰 물고기가 암컷이 되어 몸집이 커지고 4~9주가 지나면 알을 낳을 수 있는 능력을 갖추는 거예요. 수술도 받지 않고 성전환이 이루어지는 거지요.

2장

아낌없이 주는 친구

해삼 항문 속을 드나드는 **숨이고기**

 대합 속에 사는 **대합속살이게**

고래 등을 타고 여행하는 **따개비**

 딱총새우가 판 굴을
마음대로 드나드는 **망둑어**

무시무시한
물수리 둥지 밑의 **굴뚝새**

 해삼: 해삼강 | 숨이고기: 농어목 숨이고깃과

해삼 항문 속을 드나드는
숨이고기

똥구멍에 사는 물고기

바닷속, 햇살이 들이치는 모랫바닥 위에서 해삼 한 마리가 부지런히 먹이를 먹고 있었어요. 촉수로 모래를 퍼 올려 모래 속에 들어 있는 먹이를 먹고 남은 물과 모래는 항문으로 뿜어내고 있었지요.

그런데 저게 뭘까요? 빠끔거리는 해삼의 항문에서 가느다란 끈 같은 것이 나풀거리고 있었어요. 놀랍게도 그것은 작은 물고기였답니다. 해삼의 똥구멍 속에 작고 가느다란 물고기, 숨이고기가 살고 있었던 거예요.

숨이고기는 하고많은 곳을 놔두고 하필이면 남의 똥구멍 속에서 사는 걸까요? 또 해삼은 왜 숨이고기를 내쫓지 않을까요?

연약한 숨이고기의 은신처

숨이고기는 태평양과 인도양의 열대 바다에서 플랑크톤을 먹고 사는 물고기예요. 몸길이가 20센티미터 정도인데, 몸이 가늘고 비늘도 없어서 무척 연약해 보이지요. 실제로 숨이고기는 적의 공격을 막을 만한 무기가 없어 숱한 동물들의 먹이가 되고 있어요. 가오리와 넙치 같은 물고기는 물론이고 게 같은 갑각류까지 숨이고기를 만만하게 보고 덤벼들지요.

그래서일까요? 숨이고기는 아주 놀라운 은신처를 찾아냈어요. 바로 해삼의 항문 속이에요. 해삼은 몸에 독이 있는 것이 많아서 다른 동물들이 좀처럼 잡아먹지 않거든요. 숨이고기는 해삼의 항문 속에서 해삼의 몸을 방패 삼아 살아간답니다.

사실, 해삼의 항문 속은 드나들기가 어렵지 않아요. 해삼은 입으로 물과 모래를 삼켜 항문으로 내뿜으며 먹이를 먹고 숨도 쉬기 때문에 항문이 늘 열렸다 닫혔다 하거든요. 이 항문 속으로 들어가면 텅 빈 공간이 나오는데, 이곳을 '총배설강'이라고 해요. 숨이고기는 바로 이 총배설강을 보금자리 삼아 지낸답니다. 낮에는

숨이고기

해삼의 총배설강에서 휴식을 취하고 밤이 되면 밖으로 나와 플랑크톤을 잡아먹는데, 사냥을 하다가 위험이 닥치면 해삼의 항문 속으로 쏙쏙 숨어들지요.

해삼은 숨이고기가 귀찮지 않을까요? 왜 숨이고기를 쫓아 버리지 않고 품고 살까요?

열었다 닫았다 바쁜 해삼

해삼은 생김새가 무척 독특해요. 몸길이는 2센티미터에서 3미터까지 무척 다양한데, 길쭉한 원통형의 몸에 혹 모양의 돌기가 오돌토돌 돋아 있어 어떻게 보면 커다란 늙은 오이 같아요. 다닐 때는 몸 아래쪽에 붙어 있는 관족으로 움직이는데, 천천히 꿈틀꿈틀 기어 다니는 모습이 커다란 벌레 같기도 해요.

해삼

해삼은 바다 밑바닥을 기어 다니며 입으로 모래와 물을 삼켜 눈에 보이지도 않을 만큼 작은 동식물과 썩은 고기를 걸러 먹고 남은 물과 모래는 항문으로 뿜어내요. 그런데 그렇게 작은 먹이를 먹고 살

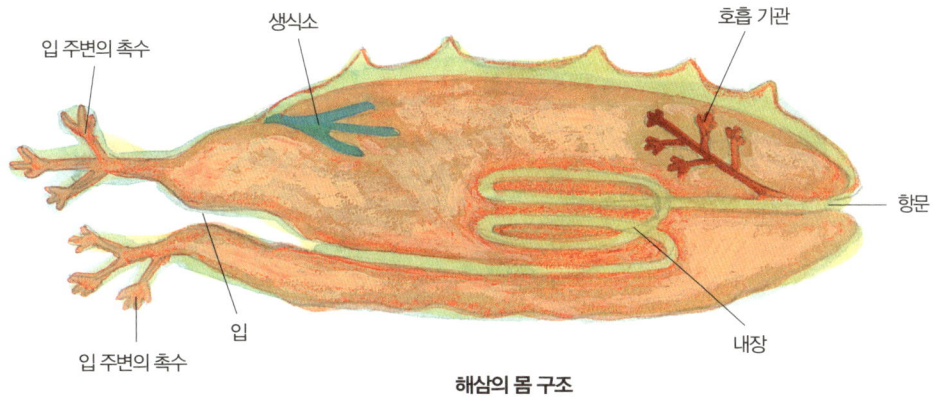

해삼의 몸 구조

려면 모래를 얼마나 삼켜야 할까요? 그래서 해삼의 입과 항문은 온종일 모래와 물을 삼켰다 내뿜느라 바쁘답니다.

항문이 끊임없이 열렸다 닫혔다 하기 때문에 해삼은 무척 골치를 앓기도 해요. 작은 물고기며 게, 새우 등이 수시로 항문 속으로 들어와서 해삼의 내장을 뜯어 먹거든요. 하지만 숨이고기는 해삼의 항문 속에 살면서도 해삼에게 전혀 해를 끼치지 않아요. 해삼의 내장을 뜯어 먹지 않는 것은 물론이고, 몸이 미끈하고 비늘이 없어서 해삼에게 상처를 입히지도 않지요.

그래서일까요? 해삼은 다른 물고기나 게, 새우들이 항문 속으로 들어오면 갖가지 방법을 동원해 쫓아내지만, 숨이고기는 정답게 품어 준답니다. 도움을 주지도 않지만 해를 끼치지도 않는 숨이고기를 굳이 쫓아낼 필요가 없다고 여기는 것이지요.

모든 것을 품어 주는 통 큰 사랑

숨이고기는 작고 약하고 가냘픈 물고기예요. 하지만 해삼이 곁에 있는 한 두려울 것이 없답니다. 위험이 닥치면 해삼의 몸속으로 쏙쏙 숨어들면 되니까요. 작고 연약한 숨이고기가 험한 바다에서 지금껏 생명을 이어 올 수 있었던 바탕에는 아무런 대가 없이 숨이고기를 품어 준 해삼의 통 큰 사랑이 있답니다.

해삼의 다채로운 방어법

어떤 해삼은 위협을 느끼면 항문으로 퀴비에관이라는 흰색 기관을 국수 면발처럼 뿜어내요. 그러면 해삼의 내장을 파먹으러 온 게나 새우는 꼼짝 못하게 된답니다. 거미줄처럼 끈적끈적한 퀴비에관이 온몸을 꽁꽁 싸 버리기 때문이지요. 위험을 느끼면 항문으로 내장을 뿜어내는 해삼도 있어요. 적에게 내장을 주고 대신에 목숨을 건지려는 거예요. 다행히 이런 해삼들은 30~40일 뒤면 새 내장을 만들 수 있답니다.

 대합: 진판새목 백합과 | 대합속살이게: 십각목 속살이겟과

대합 속에 사는
대합속살이게

대합 속에서 꼼지락대는 녀석

육지 근처의 얕은 바닷속, 모랫바닥 밑에서 커다란 대합이 껍데기를 살짝 벌리고 입수관과 출수관을 모래 위로 내밀고 있었어요. 바닷물을 빨아들였다 내뿜으며 먹이를 먹고, 숨을 쉬는 중이었지요.

그런데 살짝 벌어진 대합 껍데기 속에서 뭐가 꼼틀꼼틀 움직이고 있었어요. 그것은 게였어요. 대합 껍데기 속에 손톱보다 작은 게가 살고 있었던 거예요. 바로 대합속살이게랍니다.

대합속살이게는 이름 그대로 대합 속에 사는 게예요. 대합의 몸속에서 먹고 자고 짝짓기까지 하지요. 그런데 대합속살이게는 왜 넓고 자유로운 바다를 버리고 좁고 답답한 조개의 몸속에서 살게 되었을까요?

작고 약한 대합속살이게의 보금자리

대합속살이게는 얕은 바다에서 플랑크톤을 먹고 사는 작은 게예요. 암컷의 등딱지 너비가 겨우 1.3센티미터이고, 수컷은 암컷의 3분의 1 크기도 안 되지요. 등딱지도 무척 약해서 손가락으로 살짝만 눌러도 와삭 바스러질 정도예요. 눈이 너무 나빠 앞도 거의 못 본답니다.

작고 약하고 앞도 잘 못 보는 가엾은 게. 이런 게가 바닷속을 돌아다니면 어떻게 될까요? 아마 눈 깜짝할 사이에 다른 동물의 먹이가 되고 말 거예요.

그래서 대합속살이게는 대합 속에서 살아간답니다. 암컷은 아주 어릴 때부터 대합의 외투막 속에서 살고, 수컷은 짝짓기 시기가 되면 암컷을 찾아 대합의 외투막 속으로 들어가지요.

작고 약한 대합속살이게도 대합의 외투막 속에 들어가 있으면 겁날 것이 없어요. 대합은 조금만 위협을 느껴도 껍데기를 확 닫아 버리는데, 그러면 다른 동물들이 좀처럼 열거나 부술 수 없기 때문이지요.

하지만 대합은 어떨까요? 조그만 대합속살이게를 품고 사는 일이 귀찮지 않을까요?

대합속살이게

튼튼한 껍데기에 품어 줄게요

대합은 갯벌이나 깊이 20미터까지의 얕은 바다에서 사는 조개예요. 바닥의 진흙이나 모래 속에 파묻혀 지내는데, 껍데기 길이가 10센티미터, 높이가 7센티미터, 너비가 4센티미터 정도로 조개류 가운데 조금 큰 편이지요.

대합 껍데기는 무척 단단해서 쉽게 열거나 깰 수 없어요. 하지만 대합은 평소에 이 튼튼한 방패막이를 살짝 열고 지낸답니다. 아무리 적이 무서워도 먹고 숨을 쉬어야 살 수 있으니까요.

대합의 몸에서 입이자 콧구멍 역할을 하는 것은 입수관이에요. 입수관이 물과 맞닿아 있어야 먹고 숨을 쉴 수 있지요. 그래서 대합은 평소에 껍데기를 살짝 열고 입수관을 내밀고 있어요. 이 입수관으로 물을 빨아들여 숨을 쉬고 물속의 유기물을 걸러 먹고는, 남은 물과 노폐물은 출수관으로 내뿜지요.

그런데 껍데기를 항상 조금 벌리고 지내는 탓에 대합 껍데기 속으로는 자그마한 바다 생물들이 끊임없이 들락거려요. 그중에는 조개의 몸에 상처를 내거나 생명을 위협하는 것들도 무척 많아

대합

요. 하지만 대합속살이게는 다르답니다.

대합속살이게는 배가 고프면 대합의 몸속을 흐르는 바닷물에서 플랑크톤을 잡아먹어요. 아무리 배가 고파도 대합의 몸에서 양분을 빨아들이거나 내장을 뜯어 먹지는 않습니다. 또 대합속살이게는 등딱지가 부드럽고 모난 부분 없이 둥글둥글해서 대합의 연한 살에 상처를 입히지 않아요. 물론 크기가 작아서 대합이 함께 살기 불편할 만큼 넓은 공간을 차지하지도 않는답니다.

그러니 대합이 이 작은 게를 미워할 까닭이 있을까요? 지금도 대합은 바다 밑바닥 모래 속에서 아무도 모르게 대합속살이게를 품고 살아간답니다.

대합속살이게의 커다란 우주

대합은 적으로부터 스스로를 보호하기 위해 크고 단단한 껍데기를 만들어요. 하지만 그 방패막이를 혼자 쓰지 않고 작고 약한 대합속살이게와 나누어 쓰지요. 대합속살이게 암컷을 늘 외투막 속에 품고 살고, 짝짓기 시기에는 암컷을 찾아온 수컷들도 인심 좋게 받아 주지요.

덕분에 대합속살이게는 적으로부터 공격받을 위험에서 벗어나 마음 편히 먹고, 자고, 짝짓기를 해서 알을 낳을 수 있어요. 알을

낳으면 대합이 출수관으로 뿜어 주니, 알을 퍼뜨리는 일도 걱정할 필요가 없답니다.

그러니 대합속살이게한테 대합은 어쩌면 커다란 우주가 아닐까요? 작고 약한 생명을 따스하게 품고 보듬어 주는 넓디넓은 생명의 우주 말이에요.

외투막이란?

외투막은 조개의 몸을 외투처럼 감싸고 보호해 주는 얇은 막이에요. 조갯살 가장 바깥쪽에 있는데, 조개 껍데기를 만들어 내는 곳이기도 하지요. 조개의 외투막과 내장 사이는 근육 없이 비어 있는데, 속살이게는 바로 이 빈 공간에 들어와서 산답니다.

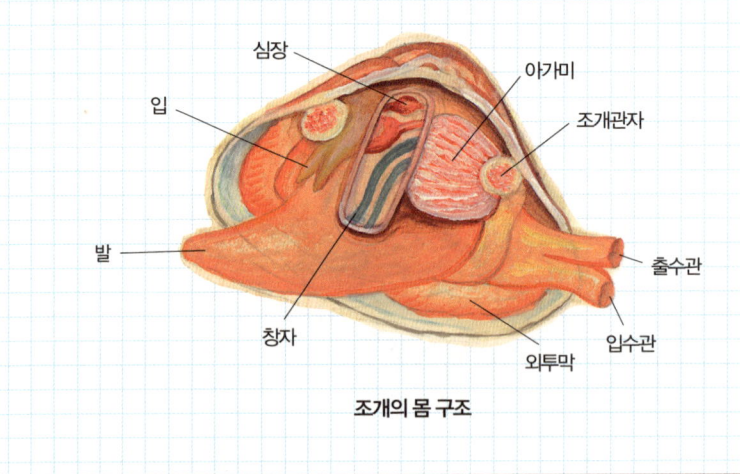

조개의 몸 구조

 고래: 고래목 | 따개비: 완흉목 따개빗과

고래 등을 타고 여행하는
따개비

고래야, 여행 가자!

작은 물고기들이 평화롭게 헤엄쳐 다니는 바닷속에 고래 한 마리가 나타났어요. 작은 물고기들은 있는 힘을 다해 달아났지만 헛수고였어요. 몸길이가 20미터도 넘는 고래가 커다란 입을 쩍 벌리자, 한입에 쭉 빨려 들어갔지요.

이윽고 먹이 사냥을 마친 고래는 숨을 쉬려고 물 위로 올라왔어요. 그런데 물 위로 드러난 고래의 넓은 등에 뭐가 다닥다닥 붙어 있었답니다. 삿갓 모양의 껍데기를 쓰고서 바닷가 바위나 말뚝에 붙어사는 따개비들이었어요. 바닷가에 있어야 할 따개비들이 어

째서 고래 등을 타고 온 바다를 돌아다니는 걸까요? 또 왜 고래는 귀찮은 따개비들을 손님처럼 등에 태우고 다니는 걸까요?

한곳에 달라붙어 사는 운명

바닷가의 방파제나 말뚝, 바위를 살펴보면 삿갓 모양의 껍데기가 다닥다닥 붙어 있는 것을 볼 수 있어요. 언뜻 보면 조개 같지만, 조개와 달리 껍데기가 하나뿐이고 물이 없는 곳에도 달라붙어 있는 동물, 바로 따개비랍니다.

사실 따개비는 조개보다 새우, 게, 가재 같은 갑각류와 가까워요. 그런데 특이하게도 삿갓 모양의 껍데기를 쓰고 한곳에 달라붙어 살아가지요.

바닷가에는 밀물 때 물에 잠겼다가 썰물 때 바닥이 드러나는 곳이 있어요. 이런 곳을 조간대라고 하는데, 우리가 잘 아는 갯벌도 조간대의 한 부분이지요. 갯벌을 떠올리면 알 수 있겠지만, 조간대는 하루에도 몇 번씩 바다에서 육지로, 육지에서 바다로 환경이 급격하게 바뀌는 곳이

에요. 그런데 따개비는 조간대에
서도 가장 살기 힘든 위쪽에 살고 있
어요. 따개비가 갑각류이면서도 삿
갓 모양의 껍데기를 쓰고 있는 까닭은

따개비

여기에 있어요. 물이 빠졌을 때 공기 중에 몸이 드
러나는 것을 막기 위해서지요. 따개비의 껍데기 꼭대기에는 덮개
판이 있는데, 썰물 때 물이 빠지면 덮개판이 덮여 껍데기 속에 물
이 저장되거든요. 덕분에 따개비는 물이 없는 환경을 어느 정도
견딜 수 있답니다.

하지만 낮 동안 햇볕이 너무 뜨거워 껍데기 속의 물이 모두 말
라 버리면, 따개비들은 꼼짝없이 죽고 말아요. 그래서일까요? 따
개비도 아주 어릴 적에는 바닷속을 자유롭게 헤엄쳐 다니는데,
이때 고래를 만나면 고래 등에 달라붙는답니다. 고래 등에 타고
있으면 말라 죽을 염려가 없으니까요. 덤으로 한곳에 머물러 산
다면 꿈도 못 꿀 바다 여행도 할 수 있고요.

따개비를 태우고 온 바다를 누벼요

고래는 얼음이 둥둥 떠 있는 한대의 바다부터 산호초가 있는
열대의 바다까지 세상의 모든 바다에서 살고 있어요. 이빨로 먹

흰긴수염고래
(수염 고래)

범고래
(이빨 고래)

이를 사냥하는 이빨 고래 종류와 물을 빨아들여 수염으로 플랑크톤을 걸러 먹는 수염 고래 종류로 나뉘는데, 모두 바다 최고의 사냥꾼으로 꼽히지요.

고래는 몸집이 큰 것으로도 유명해요. 고래 중에 작은 편에 드는 돌고래도 다 자라면 몸길이가 4미터에 이르고, 가장 큰 흰긴수염고래는 몸길이가 약 30미터로 바다는 물론이고 온 세상에서 가장 큰 동물로 꼽히지요.

그런데 바다 하면 가장 먼저 생각나는 이 커다란 동물은 놀랍게도 물고기가 아니랍니다. 소, 말처럼 새끼를 낳아 젖을 먹여 키

우고, 아가미 대신에 허파로 숨을 쉬는 포유동물이에요. 사실, 고래는 깊은 바닷속을 헤엄쳐 다니다가도 숨을 쉬러 꼬박꼬박 물 위로 올라온답니다. 헤엄을 잘 못 치는 새끼들을 위해 번식기에는 육지 근처의 얕은 바다에서 생활하고요.

그런데 고래가 이렇게 해안 지대로 올라올 때면 허락도 받지 않고 등에 찰싹찰싹 달라붙는 친구들이 있답니다. 조류를 타고 둥둥 떠다니는 따개비 유충들이 그 주인공이에요.

고래는 이 따개비 유충들을 쫓아내지 않는답니다. 세상에서 가장 큰 동물답게, 통 크게도 이들을 등에 태운 채 온 바다를 헤엄쳐 다니는 거예요.

행복한 세상, 영원한 친구

따개비는 어렸을 때는 바닷속을 자유롭게 떠다니지만 자라면 한곳에 달라붙어 살아야 해요. 그것도 바다가 되었다가 육지가 되었다가 환경이 시시때때로 바뀌는 조간대에서 늘 말라 죽을 위기에 맞서 싸우면서 말이에요.

하지만 마음 넓은 고래를 만나면 따개비의 삶은 완전히 바뀐답니다. 고래의 넓은 등에 올라타고 걱정 없이 바다를 누비고 다닐 수 있으니까요.

말은 안 해도 고래 역시 따개비가 붙어 있는 것을 좋아하지 않을까요? 이 작은 친구들 덕분에 넓은 바다를 혼자 외롭게 여행하지는 않을 테니 말이에요.

고래의 콧구멍은 어디에 있을까?

고래는 포유동물이라서 물속에서 숨을 쉬지 못해요. 사람처럼 콧구멍으로 공기를 빨아들여 숨을 쉬지요. 그런데 고래의 콧구멍은 어디에 있을까요? 고래가 분수처럼 물을 뿜는 곳이 바로 고래의 콧구멍이에요. 고래의 콧구멍을 분수공이라고 하지요.

물속에서 고래는 허파에 물이 들어가지 않도록 분수공을 닫고 있어요. 그러다 숨이 차면 물 위로 올라와 분수공을 열고 숨을 쉬지요. 고래가 참았던 숨을 내쉬면 분수공 주위에 있던 물이 함께 솟구쳐요. 그러면 몸속에서 따뜻하게 데워졌던 공기가 찬물을 만나 갑자기 식으면서 물방울로 바뀌지요. 그래서 고래의 분수공에서는 하얗게 분수가 뿜어지는 것처럼 보이는 거랍니다.

 깊이 들여다보기

베풀어 행복한 삶, 편리 공생

생물들이 먹이나 보금자리, 숨을 곳 등을 얻기 위해 서로 도움을 주고받으며 살아가는 관계를 '공생'이라고 합니다. 그런데 공생을 한다고 해서 반드시 관계를 맺은 두 생물이 모두 이익을 얻는 것은 아니랍니다. 한 생물이 일방적으로 이익을 얻고 다른 생물은 눈에 띄는 이익이나 피해를 보지 않는 경우도 있지요.

편리 공생이란 바로 이런 공생의 형태를 가리키는 말입니다. 편리 공생의 본보기는 따개비와 고래의 관계에서 엿볼 수 있습니다. 고래의 몸에 붙어 사는 따개비는 바닷가 조간대에 사는 따개비와 달리 말라 죽을 위험에서 벗어나는 이익을 누립니다. 하지만 고래는 따개비를 붙이고 다닌다고 해서 특별한 어려움을 겪지 않고 그렇다고 큰 이익을 얻지도 않지요.

대합과 속살이게의 관계도 마찬가지예요. 속살이게는 단단한 껍데기를 가진 대합 속에서 살기 때문에 적의 공격을 피할 수 있지만 대합은 속살이게가 몸 속에 산다고 해서 이익을 누리지도 피해를 당하지도 않습니다.

편리 공생은 이처럼 함께 붙어 사는 두 생물의 관계에서 주로 나타납니다. 한 생물만 일방적으로 이익을 얻는 관계이기 때문에 기생과 혼동되어 쓰이는 경우가 많지요. 하지만 편리 공생은 어느 쪽도 피해를 입지 않는다는 점에서 기생과 뚜렷한 차이가 있습니다.

딱총새우: 십각목 딱총새웃과 | 망둑어: 농어목 망둥엇과

딱총새우가 판 굴을 마음대로 드나드는 망둑어

딱총새우의 굴속으로

물이 얕게 고인 갯벌의 진흙 바닥에서 딱총새우 한 마리가 커다란 집게발로 진흙을 파내고 있었어요. 부지런히 일하는 모습을 보니, 굴을 손질하는 것 같았어요.

그런데 느닷없이 망둑어 한 마리가 딱총새우의 굴속으로 뛰어들었어요. 망둑어는 무슨 일로 남의 굴에 뛰어들었을까요? 이러다 굴속에서 아주 큰 싸움이 벌어지는 것은 아닐까요?

커다란 집게발을 가진 딱총새우

딱총새우는 밀물 때는 물에 잠기고 썰물 때는 물이 빠지는 갯벌에서 살아요. 몸길이가 5센티미터 정도 되는데, 특이하게도 한쪽 집게발이 몹시 크답니다. 딱총새우라는 이름도 이 집게발 때문에 생겼어요. 딱총새우는 이따금 이 커다란 집게발을 맞부딪치곤 하는데, 그러면 "딱, 딱." 하고 딱총을 쏘는 소리가 나거든요.

딱총새우의 집게발은 쓰임새도 많아요. 딱총새우는 바다 밑바닥에서 작은 벌레들이나 썩은 고기를 먹고 사는데, 먹이를 사냥할 때 집게발을 중요한 무기로 쓴답니다. 커다란 집게발을 세게 닫으면 큰 소리가 나면서 충격파가 발생해요. 이 충격파 때문에 작은 벌레들이 죽거나 기절하게 되면 잡아먹는 거예요.

딱총새우는 갯벌에 살기 때문에 썰물 때가 되면 말라 죽을 위험

이 있어요. 그래서 갯벌에 깊은 굴을 파 두었다가 썰물 때는 축축한 굴속에 숨어 있지요. 이때 굴을 파는 삽 역할을 하는 것도 커다란 집게발이랍니다.

그런데 딱총새우가 힘들여 굴을 팔 때는 구경만 하다가 굴이 완성되면 자기 집인 양 들어와서 사는 얌체 같은 망둑어가 있답니다. 더욱 놀라운 것은 딱총새우가 이 망둑어를 꼬집어 내쫓기는커녕, 오손도손 다정하게 함께 산다는 사실이에요.

대체 딱총새우는 왜 망둑어에게 아량을 베푸는 걸까요?

딱총새우

딱총새우의 눈이 되어 주는 망둑어

망둑어는 몸길이가 10센티미터 정도 되는 작은 물고기예요. 극지방을 제외한 전 세계의 바다에 퍼져 있는데, 대개 육지에서 가까운 얕은 바다 밑바닥이나 갯벌에서 작은 새우와 갯지렁이 등을 먹고 살지요.

갯벌에 사는 망둑어는 대개 딱총새우처럼 굴을 파고 지내요. 그래야 썰물 때 물이 빠져

망둑어

도 몸이 마르지 않으니까요. 그런데 망둑어 중에는 간혹 남이 파 놓은 굴을 제집처럼 드나들며 사는 얌체들이 있답니다. 대표적인 것이 '티플로고비우스 칼리포르니엔시스'라는 망둑어들이에요. 미국 캘리포니아의 갯벌에 사는 이 망둑어들은 딱총새우가 애써 파 놓은 굴에 얹혀살아요.

그런데 참 이상하지요? 이 망둑어들은 딱총새우로부터 공격을 받거나 굴에서 쫓겨나는 법이 없답니다. 대체 그 까닭이 무엇일까요?

비밀은 딱총새우의 눈에 숨어 있어요. 망둑어와 함께 사는 딱총새우들은 눈이 몹시 나빠요. 눈이 있어도 앞을 거의 못 보지요. 도요새나 물떼새 같은 사냥꾼이 날아와도 딱총새우는 재빨리 알아차리지 못해요. 더듬이로 사냥꾼이 왔다는 것을 느꼈을 때는 이미 사냥꾼의 입속에 들어가 있을 가능성이 높지요.

하지만 망둑어는 다르답니다. 눈이 좋아서 앞을 잘 내다보고, 조금만 위험하다 싶으면 굴속으로 쏙쏙 숨어 버리지요.

눈이 나쁜 딱총새우는 망둑어의 이런 움직임을 통해 위험을 알

아차리고 뒤따라 굴속으로 몸을 숨겨요. 결국 망둑어는 눈 나쁜 망둑어의 눈이 되어 주는 셈이에요. 그러니 딱총새우가 망둑어를 쫓아낼 까닭이 있을까요? 망둑어는 딱총새우의 굴에 더부살이를 하면서도 당당하게 살아간답니다.

보이지 않는 진실

딱총새우는 갯벌에서 굴을 파 놓고 살지만 눈이 나빠 적이 다가오는 것을 금방 알아차릴 수 없어요. 그래서 눈이 좋은 망둑어와 함께 살면서 망둑어의 행동을 통해 위험을 알아차리지요. 결국 남의 굴을 자기 집처럼 드나드는 얌체처럼 보이던 망둑어는 눈 나쁜 딱총새우에게 눈 역할을 해 주는 더없이 좋은 친구인 셈

이에요. 망둑어에게 번번이 당하는 것처럼 보이는 딱총새우는 사실 친구를 통해 자신의 약점을 극복하고요. 그러니 모든 일을 눈에 보이는 대로만 판단하지 마세요. 세상에는 이렇게 겉으로 봐서는 알 수 없는 진실도 아주 많답니다.

망둥이가 뛰면 꼴뚜기도 뛴다고?

우리 속담에 '망둥이가 뛰면 꼴뚜기도 뛴다'는 말이 있어요. 자기 분수를 모르고 남의 일에 덩달아 설치는 사람을 놀리는 말이지요. 여기서 망둥이는 망둑어를 말해요. 그런데 망둑어 중에는 정말로 뛰어다니는 종류가 있답니다.

우리나라의 갯벌 어디에서나 볼 수 있는 말뚝망둑어가 그 주인공이에요. 말뚝망둑어는 양쪽 가슴지느러미가 동물의 앞발처럼 되어 있어요. 그리고 이 가슴지느러미로 물이 빠진 갯벌 위를 기거나 팔짝팔짝 뛰어다닌답니다. 말뚝망둑어는 아가미에 물을 보관해 두었다가 물 밖에서도 숨을 쉴 수 있어요. 그래서 과학자들은 말뚝망둑어를, 물고기와 양서류 사이를 잇는 동물이라고 보기도 한답니다.

말뚝망둑어

91

깊이 들여다보기

해양 생태계의 젖줄, 갯벌

　갯벌은 밀물 때 바닷물에 덮이고 썰물 때 바닥이 드러나는 바닷가의 평평한 땅을 말합니다. 대개 강물이 바다로 흘러드는 곳에 발달하지요. 갯벌의 흙 속에는 강물이 실어다 주는 유기물이 풍부해요. 또, 바닷물이 끊임없이 드나들며 신선한 산소를 공급해 주지요.

　갯벌에는 작은 생물들의 먹이가 되는 유기물과 생물이 살아가는 데 필요한 산소가 풍부해서 수많은 생물들이 모여 살아요. 유기물을 먹고 사는 미생물과 조개 및 고둥류, 새우, 게를 비롯해 이들을 먹고 사는 크고 작은 물고기와 물새들까지 수없이 많은 생명체들이 모여 살지요. 그래서 갯벌은 해양 생태계의 젖줄이라 불리기도 합니다.

　갯벌은 육지에서 흘러드는 오염 물질을 정화시켜 바다가 오염되는 것을 막아 주기도 해요. 갯벌의 흙 속에 살고 있는 작은

미생물들과 게, 갯지렁이들이 유기물을 먹으며 오염 물질을 분해해 주기 때문에 육지에서 흘러온 더러운 물이 정화되어 바다로 흘러드는 거예요. 갈대를 비롯해 갯벌 안쪽에 우거진 풀들도 뿌리로 오염 물질을 걸러 내 주고요.

우리가 먹는 어패류의 대부분은 갯벌에서 살거나 갯벌을 번식장으로 이용해요. 그러니 갯벌은 사람들에게 먹을거리를 제공하는 곳으로도 중요하지요.

그런데 요즘은 갯벌이 갈수록 줄어들고 있답니다. 농지, 공장 부지, 주택 부지를 얻기 위해 사람들이 갯벌을 메우는 간척 사업을 대대적으로 벌이고 있기 때문이에요. 간척 사업을 시작하기 전, 4000제곱킬로미터에 이르던 남한의 갯벌은 100년 만에 40퍼센트가 사라져 이제는 2800제곱킬로미터밖에 남아 있지 않답니다.

 물수리: 매목 수릿과 | 굴뚝새: 참새목 굴뚝샛과

무시무시한 물수리 둥지 밑의
굴뚝새

물수리 둥지 밑의 작은 새

강가, 깎아지른 듯한 벼랑 위에 커다란 나무 한 그루가 서 있었어요. 그 나무 꼭대기에는 지름 2미터가 넘는 커다란 새 둥지가 있었어요. 커다란 날개와 뾰족한 부리, 날카로운 발톱. 마치 소형 폭격기처럼 날쌔게 생긴 물수리의 둥지였지요.

얼마 뒤에 물수리가 새끼에게 줄 먹이를 사냥해 오려고 둥지에서 날아올랐어요. 그런데 이게 무슨 소리일까요? 물수리가 떠난 둥지 밑에서 "삐릿삐릿삐릿." 하고 고운 새 울음소리가 들려오는 거예요. 가만히 살펴보니, 자그마한 굴뚝새들이 물수리의 둥지 밑에 둥지를 틀고 살고 있지 않겠어요?

굴뚝새들은 물수리가 겁나지 않는 걸까요? 왜 하필 무서운 물수리의 둥지 밑에 둥지를 틀었을까요?

아주 무시무시한 곳에 집을 지을 거야!

굴뚝새는 전 세계 온대 지방에서 살고 있어요. 생김새가 참새와 비슷하지만 몸집은 참새보다 훨씬 작아서 다 자라도 몸길이가 10센티미터 정도밖에 안 되지요. 굴뚝새는 대개 높은 산, 깊은 숲 속에서 벌레를 잡아먹으며 살아요. 몸집이 작아서 나뭇가지가 뒤엉켜 있는 울창한 숲속에서도 잘 날아다니지요.

굴뚝새는 먹이를 부지런히 챙겨 먹은 뒤 5~6월에 짝짓기를 해서 알을 낳고 새끼를 길러요. 그런데 번식기가 되면 걱정이 무척 많아진답니다. 숲속에는 굴뚝새의 알과 새끼의 목숨을 노리는 사냥꾼이 수두룩하기 때문이에요.

그래서 굴뚝새는 아무 곳에나 둥지를 틀지 않아요. 절벽 사이의 벌어진 바위틈이나 깎아지른 듯한 벼랑 위의 커다란 나무 꼭대기처럼 눈에 띄지 않고 쉽게 다가갈 수 없는 곳에 둥지를 틀지요. 굴뚝새라는 이름도 그래서 붙었답니다. 다른 동물의 공격을 피하기 위해 사람들이 사는 집의 굴뚝 속에도 둥지를 틀거든요.

굴뚝새가 물수리의 둥지 밑에 둥지를 틀고 사는 까닭도 비슷해요. 번식기에는 물수리도 몹시 예민해져서 알과 새끼에게 위협이 될 만한

굴뚝새

동물이 다가오는 것을 그냥 넘기지 않거든요. 덕분에 물수리의 둥지 밑에 집을 지으면 굴뚝새의 알과 새끼도 다른 동물에게 잡아먹힐 위험이 줄어드는 거예요.

그런데 이렇게 하면 뱀이나 도마뱀은 쫓을 수 있겠지만, 무서운 물수리는 어떻게 막을 수 있을까요? 물수리가 이 자그마한 더부살이들을 그냥 내버려 둘까요?

콧방귀도 뀌지 않는 물수리

물수리는 전 세계의 강가, 호숫가, 바닷가에서 볼 수 있는 커다란 새예요. 우리나라에서는 봄과 가을에 해안가, 하천, 저수지 등을 통과하는 나그네새이며, 겨울에는 제주도와 남해안 일부 지역 등 따뜻한 곳에서 볼 수 있는 겨울 철새이기도 해요.

물수리는 몸길이가 65센티미터이고 날개를 모두 펴면

한쪽 끝에서 맞은편 끝까지가 2미터나 되지요.

물수리는 대개 날개를 펴고 물 위를 조용히 날다가 길고 날카로운 발톱으로 연어와 숭어 같은 커다란 물고기를 낚아채 잡아먹어요. 그런데 발톱이 어찌나 단단한지 한번 잡은 먹이는 절대로 놓치지 않는답니다.

물수리는 2월 하순에서 6월 하순 사이에 2~4개 정도의 알을 낳아요. 어미가 알을 품고 약 35일이 지나면 새끼가 태어나지요. 다 자란 물수리와 달리, 새끼 물수리는 몹시 연약해요. 눈도 뜨지 못한 채로 태어나 혼자서는 아무것도 할 수 없기 때문에 6~8주 동안 부모로부터 먹이를 받아먹어야 하지요.

그래서 물수리는 아무 곳에나 둥지를 짓지 않아요. 깎아지른 듯한 벼랑 위에 우뚝 서 있는 나무 꼭대기나 바위처럼 알을 노리는 다른 동물들이 올 수 없는 곳에 둥지를 짓고 알을 낳는답니다.

자연에서 이렇게 안전한 둥지를 찾기란 쉽지 않아요. 그래서 물수리는 한번 지은 둥지를 몇 년 동안 계속 고쳐 씁니다. 낡은 둥지에 나뭇가지를 더 쌓아 해마다 새 둥지를 만드는 거예요. 그러다 보니 물수리의 둥지는 몇 년이 지나면 정말 높아지게 돼요.

이 무렵이 되면 물수리의 둥지에는 군식구가 생긴답니다. 둥지를 지을 안전한 곳을 찾던 굴뚝새들이 물수리의 높다란 둥지 밑에 둥지를 틀고 알을 낳아 새끼를 기르는 거예요.

하지만 겁 없는 굴뚝새들이 새끼를 기른다고 아무리 둥지를 들락거리며 수선을 피워도 물수리는 신경 쓰지 않아요. 물수리는 물고기만 잡아먹지, 땅 위에 사는 동물은 잡아먹지 않거든요. 또한 더부살이하는 굴뚝새들도 물수리의 알이나 새끼를 공격하지 않으니, 물수리가 위협을 느낄 까닭도 없고요.

위험이 닥치면 제가 알려 드릴게요, 수리님!

물고기 사냥의 대가라는 명성에 걸맞게 물수리는 작은 굴뚝새가 자기 둥지 밑에 깃들여 사는 것을 통 크게 받아 줍니다. 물수리의 이러한 아량은 값진 보상을 받는답니다. 뱀이나 도마뱀이 나무 위로 기어올라 오면, 아래층에 사는 목청 좋은 굴뚝새가 야단스럽게 울어 대거든요. 덕분에 물수리는 위험을 미리 알아차리

고 적을 효과적으로 물리칠 수 있지요. 덩달아 굴뚝새도 자기 알과 새끼를 지킬 수 있답니다.

눈이 좋은 물수리

수리와 매 같은 맹금류는 사람보다 눈이 5배 이상 좋아요. 물수리도 눈이 좋아서 30미터 높이의 하늘을 날면서 수면 가까이 헤엄쳐 다니는 물고기들을 볼 수 있답니다. 물수리는 사냥감을 발견하면 날개를 위로 치켜들고 다리를 앞으로 내뻗은 채 쏜살같이 내려와요. 그러고는 단단한 발톱으로 먹이를 낚아채고 깃털에서 물을 털면서 솟구쳐 올라, 둥지나 조용한 곳으로 날아가서 먹어 치우지요.

철새와 텃새

철새와 텃새에 대해 알고 있나요? 철새는 계절에 따라 사는 곳을 옮겨 다니는 새를 말해요. 철새는 더위나 추위를 피해 먹이를 구하고 알을 낳기 위해 사는 곳을 옮겨 다녀요. 우리나라에서 여름을 나는 철새를 여름 철새라고 하는데, 제비, 뻐꾸기 등이 있고, 우리나라에서 겨울을 나는 기러기, 두루미 등은 겨울 철새라고 하지요.

텃새는 철에 따라 사는 곳을 옮기지 않고 한 지역에만 머물러 사는 새를 말해요. 참새, 까마귀 등이 텃새이지요.

3장

평생을 함께 사는 친구

 흰개미의 소화관에서 사는 **트리코님파**

대장에 에너지를 제공하는 **세균**

 뿌리 없는 갈충조의 쉼터, **산호**

소를 먹여 살리는 **세균**

 흰개미: 바퀴목 흰개밋과 | 트리코님파: 초편모충목 머리털편모충과

흰개미의 소화관에서 사는
트리코님파

마른 나무를 먹는 흰개미

1년 내내 여름이 계속되는 미국 하와이. 나무로 지은 집 둘레에 출입 금지를 알리는 팻말이 붙어 있었어요. 가만히 살펴보니, 집이 곧 무너질 듯이 기울어 있고, 갈라진 기둥 틈새로 하얀 곤충들이 와글와글 기어다니고 있었어요. 흰개미들이 목재를 갉아 먹어, 집이 쓰러지고 있었던 거예요.

흰개미는 왜 하필 딱딱한 목재를 먹는 걸까요? 목재는 곤충이 소화할 수 없는 물질로 이루어져 있다고 하는데, 그렇게 닥치는 대로 먹어 치우다가 탈이라도 나지 않을까요?

목재를 먹어도 탈이 안 나요

흰개미는 추운 한대 지방만 빼고 전 세계에 퍼져 있어요. 대개 숲속의 말라 죽은 나무 속이나 나무로 지은 집 속에 둥지를 틀고서, 수백 마리가 함께 모여 사회생활을 하지요.

흰개미는 개미와 이름이 비슷하고 사회생활을 한다는 점도 비슷하지만, 개미보다 바퀴벌레와 가까워요. 약 2억 2천만 년 전에 바퀴벌레와 같은 조상에서 갈라져 나왔기 때문에 '사회생활을 하는 바퀴벌레'라고도 불리지요.

흰개미한테는 우리가 모르는 신기한 점이 또 한 가지 있어요. 흰개미는 놀랍게도 딱딱한 목재를 먹고 산답니다. 목재는 '셀룰로오스(섬유소)'라는 물질로 이루어져 있어요. 그런데 곤충들은 셀룰로오스를 소화하지 못한답니다. 셀룰로오스를 분해하는 소화 효소가 없기 때문이에요. 흰개미도 단단한 턱이 있어 목재를 갉을 수는 있지만 셀룰로오스를 스스로 소화하지는 못해요. 목재를 아무리 갉아 먹어도 영양분을 얻지 못하는 거예요.

그럼에도 흰개미가 목재를 먹고 살 수 있는 건 바로 트리코님파 덕분이에요. 트리코님파는 흰개미의 소화 기관 속에 사는 아주 작은 생물인데, 이 생물이 셀룰로오스를 흰개미가 소화할 수 있는 포도당으로 분해해 주거든요. 흰개미는 바로 이 포도당을 소화해 양분으로 쓰기 때문에 목재만 먹고도 살 수 있답니다.

그런데 트리코님파는 어쩌다가 흰개미의 소화 기관 속에서 살게 되었을까요?

셀룰로오스 소화는 내게 맡겨요

트리코님파는 온몸이 세포 하나로 이루어진 아주 작은 생물이에요. 몸길이가 0.05~0.3밀리미터 정도이고 몸의 앞부분에 돋아 있는 잔털 모양의 편모로 움직이지요.

온몸이 하나의 세포로 이루어져 있고 편모로 움직이는 생물을 '편모충류'라고 해요. 편모충류는 엽록소가 있어 스스로 살아갈

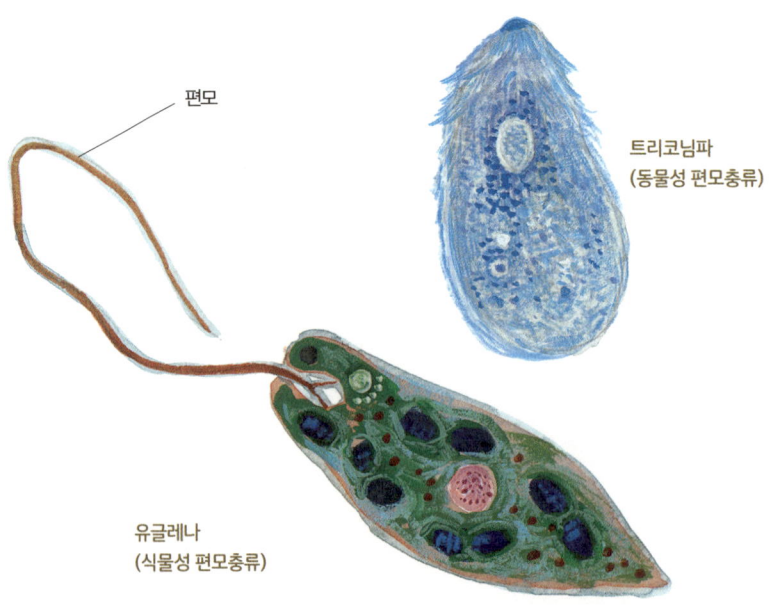

편모

트리코님파
(동물성 편모충류)

유글레나
(식물성 편모충류)

105

수 있는 식물성 편모충류와 엽록소가 없는 동물성 편모충류로 나뉘어요. 트리코님파는 동물성 편모충류에 속해요. 엽록소가 없어 스스로 양분을 만들지 못하기 때문에, 어떤 식으로든 다른 생물에 기대 살아가야 하지요.

트리코님파가 흰개미의 소화 기관 속에 사는 까닭은 바로 여기에 있답니다. 트리코님파는 스스로 양분을 만들 수 없는 대신에 셀룰로오스를 소화할 수 있는 특별한 능력을 갖고 있어요. 그래서 셀룰로오스가 풍부한 흰개미의 소화 기관 속에서 살게 된 거예요. 흰개미의 소화 기관 속에 있으면 다른 동물에게 잡아먹힐 위험도 거의 없으니 안전하기까지 하지요.

흰개미의 소화 기관 속에서 살게 된 트리코님파는 자신에게 맛있는 먹이와 안전한 보금자리를 내준 흰개미를 잊지 않았어요. 셀룰로오스를 혼자서 몽땅 먹어 치우지 않고 일부는 포도당으로 분해해 흰개미가 먹을 수 있도록 나누어 주는 거예요. 흰개미가 건강하게 잘 살아야 자기도 맛있는 셀룰로오스를 충분히 먹으며 잘 살 수 있다는 사실을 알고 있기 때문이지요.

새끼들에게도 전하는 우정

흰개미와 트리코님파는 이렇게 서로에게 양식을 마련해 주며

떼려야 뗄 수 없는 관계를 이어 오고 있어요. 트리코님파가 소화관 속에 없으면 흰개미는 굶어 죽을 수밖에 없어요. 그래서 흰개미들은 알에서 깨어난 새끼들에게 자기 꽁무니를 핥게 한답니다. 갓 깨어난 새끼 흰개미는 아직 소화관에 트리코님파가 없기 때문에 배설물을 통해 새끼에게 전해 주는 것이지요.

흰개미와 개미는 어떻게 다를까?

흰개미는 개미와 비슷하게 생겼지만 다른 점이 많답니다. 우선 개미는 황색, 갈색, 붉은색, 검은색 등 어두운 색깔을 띠지만 흰개미는 하얀색이에요. 개미는 허리가 잘록하지만 흰개미는 허리가 통통하고요. 개미는 알, 애벌레, 번데기를 거쳐 성충(어른벌레)이 되는데, 흰개미는 번데기 시기를 거치지 않고 성충이 돼요. 또, 개미는 햇볕을 이길 수 있어 낮에도 돌아다니지만 흰개미는 햇볕을 이기지 못해 빛을 피해 다녀요. 그래서 개미는 눈에 쉽게 띄지만 흰개미는 둥지를 파 보기 전까지는 눈에 잘 띄지 않는답니다.

개미 / 흰개미

 사람(대장): 영장목 사람과 | 세균(대장균): 단세포 생물

대장에 에너지를 제공하는
세균

대장 속에서 무슨 짓을 하는 거야?

우리가 먹은 음식은 어디로 갈까요?

입으로 들어온 음식은 식도, 위, 소장(작은창자), 대장(큰창자)을 거쳐 항문을 통해 몸에서 빠져나갑니다. 그런데 음식이 우리 몸에서 마지막으로 머무는 대장에 가 보면, 아주 재미있고 신기한 풍경이 펼쳐진답니다. 소장에서 넘어온 음식물 찌꺼기에 세균들이 와글와글 달라붙어 있는 거예요. 대체 이 세균들은 대장 속에서 무엇을 하고 있는 걸까요?

너무 많이 일하는 대장

대장은 입을 통해 우리 몸에 들어온 음식물이 마지막으로 거치

우리 몸의 소화 기관

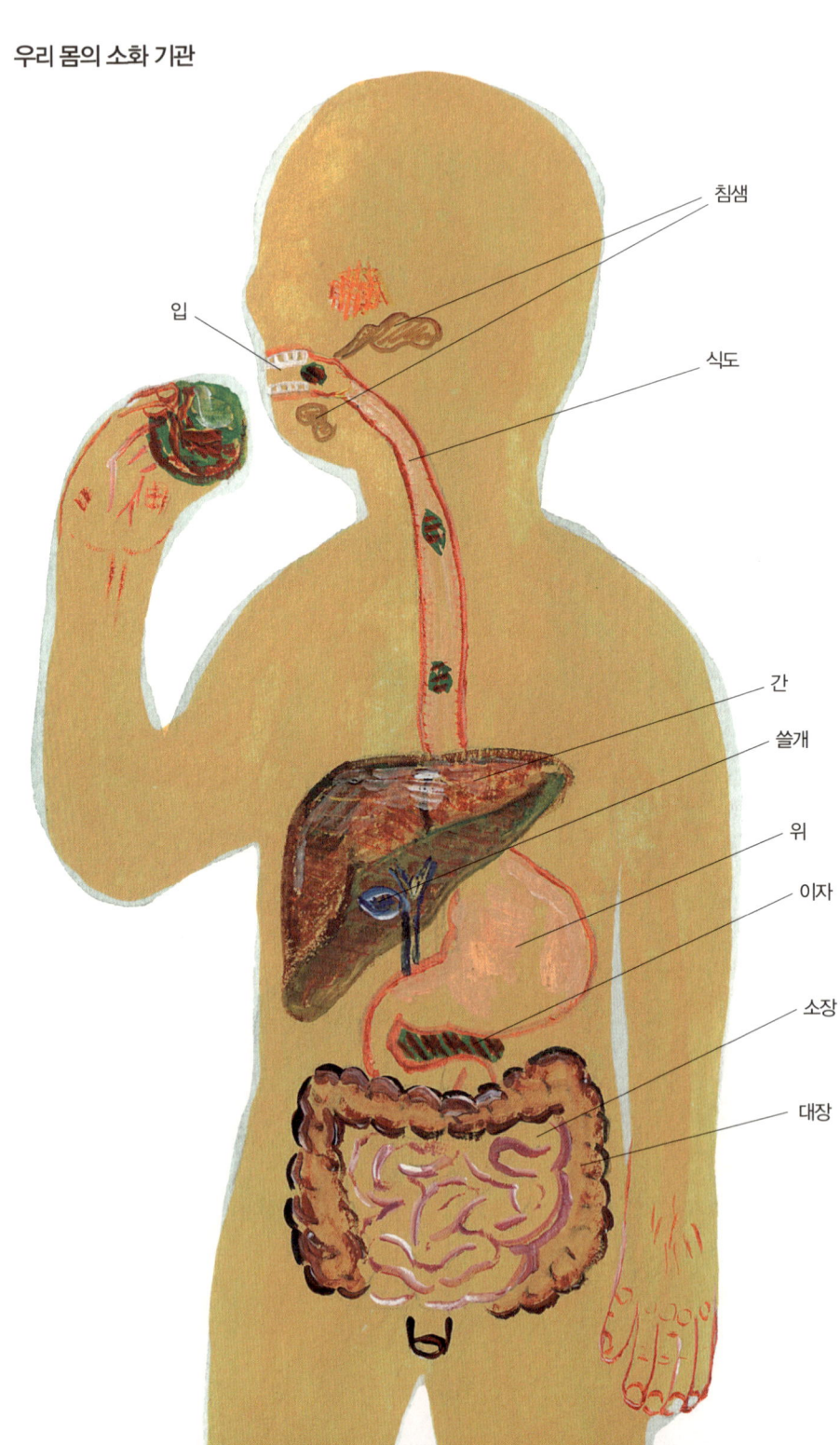

는 소화 기관이에요. 소장 다음에 약 1.5미터 길이로 이어져 있으면서 소장에서 넘어온 음식물 찌꺼기에서 물과 무기염류를 흡수하는 역할을 하지요. 물과 무기염류를 흡수하고 남은 음식물 찌꺼기는 항문으로 보내 주고요.

소장에서 넘어온 음식물 찌꺼기에서 물과 무기염류를 흡수하랴, 남은 찌꺼기를 항문으로 보내랴, 대장의 세포들은 온종일 바쁘게 일을 해요. 기계가 에너지를 공급받아야 돌아가듯이, 우리 몸을 이루는 세포들도 일을 하려면 에너지가 필요해요. 에너지는 혈액을 통해 우리 몸의 각 부분에 전달되는데, 더 많은 일을 하는 세포라고 해서 특별히 더 많은 에너지를 제공받지는 않는답니다. 대장의 세포처럼 온종일 쉬지 않고 일하는 세포들은 근육 세

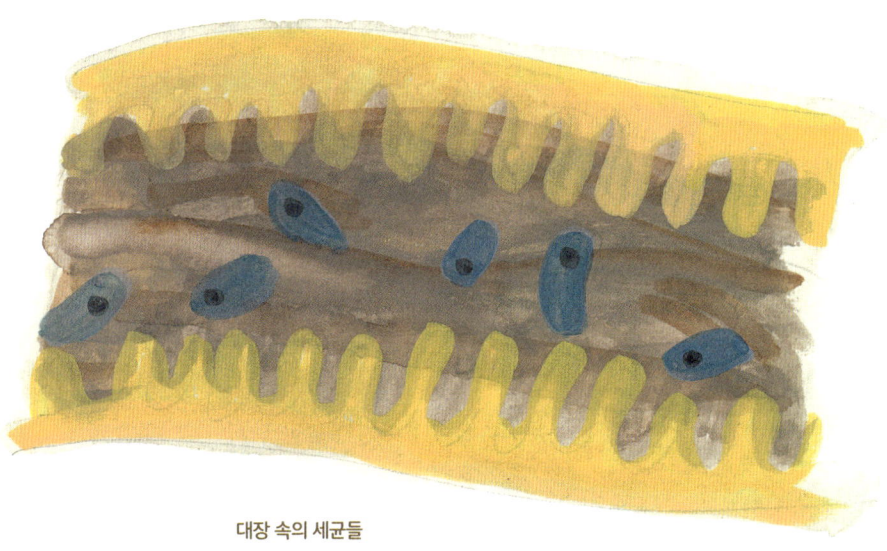

대장 속의 세균들

포를 비롯한 다른 기관의 세포들보다 더욱 많은 에너지가 필요한데, 우리 몸이 그만한 에너지를 공급해 주지 않는 거예요. 그런데도 우리 대장은 어떻게 지치지 않고 일을 할까요?

여기에는 대장과 세균의 놀라운 관계가 숨어 있답니다.

대장에 에너지를 제공하는 세균

세균은 길이가 100분의 1밀리미터가 될까 말까 하는 아주 작은 생명체예요. 작지만 생명력이 무척 강해서 땅속, 물속, 공기 속은 물론이고 차가운 얼음 속, 뜨거운 온천수 속, 심지어 동식물의 몸속에서도 살 수 있지요.

이 가운데 동물의 몸속에서 사는 세균을 동물 기생균이라고 하는데, 동물 기생균에게 우리 몸의 대장은 훌륭한 보금자리랍니다. 동물 기생균이 살기에 가장 좋은 온도와 습도를 유지하고 있고, 세균을 녹여 버리는 소화액이 분비되지 않으며, 세균의 먹이인 셀룰로오스가 풍부하거든요.

셀룰로오스는 식물의 세포벽을 이루는 주성분이에요. 채소나 과일을 먹을 때 소화 기관으로 들어오지요. 사람은 셀룰로오스를 소화하지 못해요. 그런데 세균은 소화되지 않고 남아 있는 셀룰로오스를 먹고 생명을 유지하는 데 필요한 에너지를 얻는답니다.

그런데 이 세균들은 대장한테 마냥 받기만 하는 것은 아니랍니다. 대장 속에 사는 세균들은 셀룰로오스를 분해해 양분을 얻으면서, 보금자리와 먹이를 준 고마운 대장에게 소중한 선물을 전해 줍니다. 에너지가 부족해 어려움을 겪는 대장의 세포들에게 셀룰로오스를 분해하면서 생긴 에너지를 나눠 주는 거예요.

덕분에 대장은 힘을 내어 물과 무기염류를 흡수하고 남은 찌꺼기를 항문으로 밀어낼 수 있어요. 결국, 대장 속의 음식물 찌꺼기에 와글와글 붙어 있던 대장균은 셀룰로오스를 소화하여 양분을 얻으면서 한편으로는 우리 몸의 대장에 에너지를 제공하는 일을 하는 셈이지요.

나도 좋고, 너도 좋잖아?

대장 속의 세균들은 대장 덕분에 보금자리와 먹이 문제를 한꺼번에 해결할 수 있어요. 또, 대장은 세균들 덕분에 에너지 부족 문제를 겪지 않고 열심히 일할 수 있고요. 사실, 대장과 세균은 아주 오래전부터 우리가 볼 수 없는 세계에서 이렇게 서로 도우며 살아왔다고 해요. 그래서 이제는 하나가 없으면 하나가 아주 큰 어려움을 겪게 된답니다. 항생제를 먹으면 설사를 하는 것도 그런 현상 가운데 하나예요. 항생제를 먹으면 대장 세균들이 죽

게 되고, 그러면 에너지가 부족해진 대장이 물과 무기염류를 잘 흡수하지 못하게 되거든요. 사람도 알고 보면 이처럼 조그만 생물의 도움 없이는 건강하게 살 수 없답니다.

침 한 방울에 수백만 마리의 세균이 살고 있어요!

세균은 세포 하나로 이루어진 아주 작은 생물이에요. 대개 구 모양이나 막대 모양, 나선 모양을 하고 있는데 너무 작아서 현미경 없이는 볼 수 없지요. 세균은 생명력이 강해 어디서나 살고 있고, 적당한 환경이 주어지면 수가 엄청나게 불어나요. 실제로 양분이 풍부한 흙 1그램 속에는 세균 수십억 마리가 살고 있고, 사람의 침 한 방울에는 수백만 마리가 살고 있답니다.

하지만 걱정 마세요. 세균은 흔히 질병을 일으킨다고 알고 있지만, 그런 세균은 극소수에 불과하고 실제로는 사람들에게 도움을 주는 것이 더욱 많으니까요. 세균은 자연계에서도 중요한 역할을 한답니다. 세균은 기본적으로 죽은 동식물을 분해해 흙으로 돌려보내는 역할을 하는데, 세균이 없으면 식물이 뿌리로 영양분을 흡수하지 못해 살아남을 수 없거든요. 식물이 살지 못하면 식물을 먹고 사는 동물들도 살 수 없게 되어 생태계 전체가 큰 위협을 맞게 된답니다.

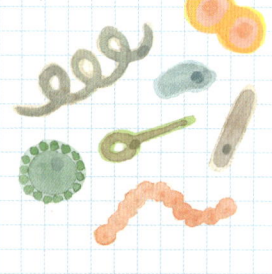

여러 가지 모양의 세균

갈충조: 단세포 조류 | 산호: 산호충류

뿌리 없는 갈충조의 쉼터, 산호

아름다운 바다 숲 이야기

열대의 맑고 따뜻한 바닷속에는 육지의 숲만큼 아름다운 숲이 있어요. 바로 산호초 지대예요. 알록달록 아름다운 색깔의 산호초가 갖가지 모양으로 자라는 산호초 지대에는 육지의 숲이 그렇듯이 수많은 생명체들이 모여 살고 있어요. 바닥에서는 게와 새우가 부지런히 먹이를 찾아다니고, 산호초 사이사이에서는 말미잘과 바닷말이 물결에 몸을 흔들며, 또 그 사이를 색색의 물고기들이 돌아다니지요.

이 아름다운 바다의 숲은 놀랍게도 산호라는 작은 생물에 의해 만들어졌어요. 그런데 산호에게는 놀라운 비밀이 한 가지 있답니다. 몸속에 더욱 작은 생물인 '갈충조'를 품고 산다는 사실이에요.

뿌리 박혀 사는 동물, 산호의 고민

산호는 1년 내내 따뜻한 물이 흐르는 바다에서 살아요. 특히 육지가 가깝고 햇살이 잘 들이치는 얕고 맑은 바다에 많지요.

산호는 색깔이 꽃처럼 아름답고 한곳에 붙박여 살기 때문에 식물이라는 오해를 곧잘 받아요. 하지만 산호는 엄연한 동물이랍니다. 원통 모양의 몸속에 위와 창자 같은 소화 기관이 있고, 촉수로 바닷속에 사는 작은 생물도 잡아먹어요. 또 물에 알과 정자를 뿌려 번식도 하지요.

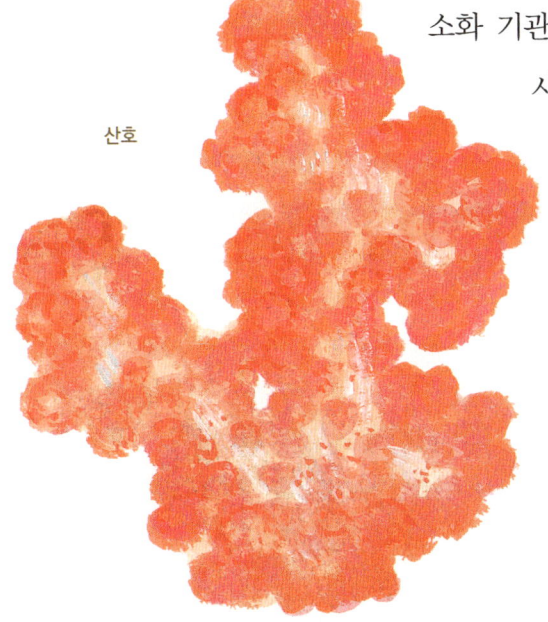
산호

사실, 산호는 평생 한곳에 붙박여 사는 것은 아니랍니다. 알에서 깨어난 새끼 산호는 며칠, 또는 몇 주 동안 바닷속을 자

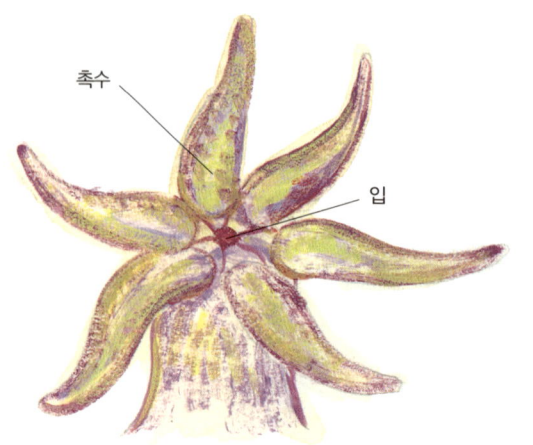
산호가 촉수를 펼쳤을 때

산호가 촉수를 집어넣었을 때

유롭게 헤엄쳐 다녀요. 그러다가 어느 정도 자라면 바다 밑바닥으로 내려와 바위나 산호초에 붙어 정착 생활을 시작하지요.

정착 생활을 하는 산호의 몸을 '폴립'이라고 해요. 폴립은 원통 모양을 하고 있는데, 위에는 먹이를 잡는 촉수가 붙어 있고 바깥쪽은 석회질의 단단한 골격으로 되어 있어요. 산호는 평소에 원통 모양의 몸 위로 촉수를 내밀어 동물성 플랑크톤을 잡아먹다가, 위협이 느껴지면 단단한 골격 속으로 촉수를 집어넣고 숨어 버려요. 그러면 아무리 무서운 물고기도 산호를 해치지 못한답니다.

산호가 정작 어려움을 겪는 것은 먹이 사냥이에요. 한자리에 붙박여 산다는 것은 먹이를 자유롭게 사냥할 수 없다는 것을 뜻하니까요. 실제로 산호는 촉수로 잡은 동물성 플랑크톤만 먹고는

생명을 이어 갈 수가 없어요. 그렇다면 어떻게 지금까지 살아남았을까요?

바로 '갈충조'라는 작은 식물 친구 덕분이랍니다.

뿌리 없는 식물, 갈충조의 지혜

갈충조는 길이가 0.01밀리미터 정도밖에 안 되는 아주 작은 식물이에요. 갈색이나 회갈색에 공 모양을 하고 있는데, 뿌리가 없어 물속을 둥둥 떠다니지요.

갈충조는 햇빛이 환히 비치는 맑고 얕은 바닷속에서만 살 수 있어요. 갈충조는 광합성을 하여 스스로 양분을 만들어 살아가는 식물인데, 광합성을 하려면 햇빛이 꼭 필요하거든요.

갈충조가 살아가기 위해서는 필요한 것이 또 한 가지 있어요. 바로 질소랍니다. 질소는 식물이 자라는 데 가장 중요한 영향을 미치는 물질이에요. 대부분의 식물은 질소를 흙에서 얻지요. 하지만 갈충조는 뿌리 없이 바닷속을 떠돌기 때문에 흙을 통해 질소를 구할 수 없어요. 그렇다면 갈충조는 어떻게 질소를 얻는 걸까요?

갈충조는 산호의 몸속에 살면서 질소를 얻는답니다. 산호가 먹이를 먹고 내보내는 배설물에는 갈충조가 필요로 하는 질소가 풍

부하거든요.

갈충조는 산호의 몸속에 들어와 사는 덕에 깊고 먼 바다로 떠내려가지 않고 맑고 얕은 바다에 머물러 살 수 있어요. 또 산호의 몸을 둘러싼 단단한 외골격 덕분에 다른 동물들의 공격을 받을 염려도 없고요.

산호의 몸은 이처럼 갈충조에게 빛과 질소를 제공해 주고, 적의 공격도 피하게 해 주는 소중한 보금자리예요. 그래서 갈충조는 산호에게 자기가 광합성을 해서 만든 양분의 80퍼센트를 뚝 떼어 준답니다. 산호는 갈충조가 나눠 준 이 양분 덕분에 굶주리지 않고 살아갈 수 있는 거예요.

산호와 갈충조가 만들어 내는 생명의 낙원

산호초는 '바다의 열대림'이라고도 불려요. 육지의 열대림이 지구에 산소를 공급하는 역할을 하듯이 산호초는 열대 바다에 산소를 공급하는 역할을 하거든요. 이 또한 갈충조가 살고 있기 때문이랍니다. 식물은 광합성을 하면서 양분뿐만 아니라 산소도 만들어 내는데, 갈충조는 광합성을 통해 산소를 만들어 계속 물속에 녹여 주거든요.

산호초에는 숨을 곳이 많아서 여러 동물들에게 안전한 보금자

리를 제공해요. 갈충조 덕분에 생물들이 살아가는 데 필요한 산소를 충분하게 공급할 수 있고요. 그래서 육지의 열대림에 무수한 생물들이 모여 살듯이 산호초에서는 수많은 바다 생물들이 모여 산답니다.

광합성이란 무엇일까?

식물은 동물과 다르게, 살아가는 데 필요한 양분을 스스로 만들어요. 뿌리로 빨아들인 물과 기공을 통해 받아들인 이산화탄소, 그리고 엽록체를 통해 흡수한 햇빛을 가지고 잎에 있는 엽록소에서 포도당을 만드는 거예요. 식물이 이렇게 양분을 만드는 것을 광합성이라고 해요. 식물은 광합성을 하여 양분을 스스로 만들 수 있기 때문에 다른 생물을 먹지 않고도 살아갈 수 있답니다.

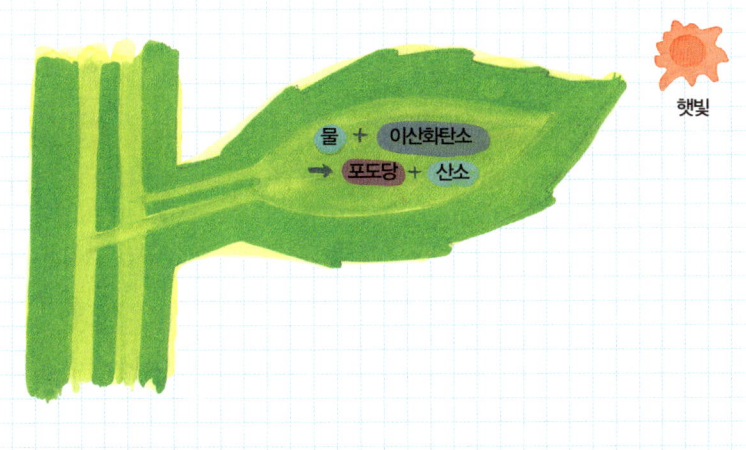

깊이 들여다보기

내부 공생과 기생

　트리코님파는 흰개미의 소화 기관을 보금자리 삼아 살면서, 목재를 갉아 먹지만 스스로 소화하지 못하는 흰개미를 위해 셀룰로오스를 포도당으로 분해해 줍니다. 세균은 사람의 대장 속에 살면서 셀룰로오스를 분해해 사람의 대장에 에너지를 대 주지요.

　이렇게 한 생물이 다른 생물의 몸속에 살면서 그 생물과 도움을 주고받는 것을 '내부 공생'이라고 부릅니다.

　그런데 다른 생물의 몸 안팎에 붙어 살면서 그 생물에게 해를 끼치는 생물들도 있답니다. 이렇게 다른 생물에 빌붙어 살면서 그 생물에게 해를 끼치는 관계를 '기생'이라고 해요. 기생의 본보기는 진드기나 이, 벼룩과 같은 기생충의 생활에서 엿볼 수 있어요. 진드기나 이, 벼룩 등은 사람이나 동물의 몸에서 피나 양분을 빼앗아 먹고 살아요. 그러면서 사람이나 동물의 몸에 상처를 입히고 해로운 질병을 옮겨 목숨을 앗아 가기까지 하지요.

　기생충 중에는 다른 생물의 몸속에서 사는 것도 있어요. 회충, 촌충, 십이지장충은 사람의 몸속에 기생하면서 건강을 해치는 대표적인 기생충이랍니다.

소: 소목 솟과 | 세균: 단세포 생물

소를 먹여 살리는 세균

풀만 먹고 사는 소

넓은 목장에서 소 몇 마리가 한가롭게 풀을 뜯고 있었어요. 몇몇은 나무 그늘에 앉아 연방 입을 우물거리며 되새김질을 하고 있었고요.

소는 풀만 먹고 사는데도 우람하게 잘 자라요. 그런데 알고 있나요? 그렇게 열심히 풀을 먹으면서 정작 소는 스스로 풀을 소화하지 못한답니다. 대체 소는 소화할 수도 없는 풀을 먹고 어쩌면 그렇게 잘 자라는 걸까요?

셀룰로오스를 분해해 주는 세균

소는 고기나 우유를 얻기 위해, 또는 농사에 이용하기 위해 사람들이 기르는 가축이에요. 산이나 들판에서 풀을 뜯어 먹는데, 혼자서는 풀을 소화할 수 없답니다. 사람과 마찬가지로 소 역시 셀룰로오스를 분해할 수 있는 소화 효소를 갖고 있지 않기 때문이지요.

그런데 어떻게 소는 풀만 먹고 살 수 있을까요? 위 속에 셀룰로오스를 분해해 주는 세균이 살고 있기 때문이랍니다.

소는 위가 모두 네 개 있어요. 이 가운데 첫 번째 위인 혹위와 두 번째 위인 벌집위에는 엄청나게 많은 세균들이 살고 있지요.

소가 풀을 씹어 삼키면, 혹위와 벌집위에 있는 세균들은 소가 소화하지 못하는 셀룰로오스를 지방산으로 쪼개 줍니다. 소는 바로 이 지방산을 흡수해서, 살아가는 데 필요한 양분으로 쓰는 거예요.

이처럼 위 속에 사는 세균들이 셀룰로오스를 지방산으로 분해해 주기 때문에 소는 스스로 소화하지 못하는 풀만 먹고도 건강하게 자랄 수 있어요.

그런데 참 이상하지요? 동물의 위에서는 세균이 살 수 없는데, 소의 위에서는 어떻게 세균이 살 수 있는 걸까요?

나 혼자만 잘 살 순 없잖아?

동물의 위는 음식물을 소화시키기 위해 강한 산성의 위액을 분비해요. 이 위액은 세균의 몸까지 녹여 버릴 만큼 강력하기 때문에 동물의 위에서는 대개 세균이 살지 못하지요. 그런데 소의 위는 무척 독특한 구조를 띠고 있답니다.

앞서 말했듯이 소의 위는 모두 네 개로 이루어져 있어요. 그런데 첫 번째 위인 혹위와 두 번째 위인 벌집위에서는 위액이 흘러

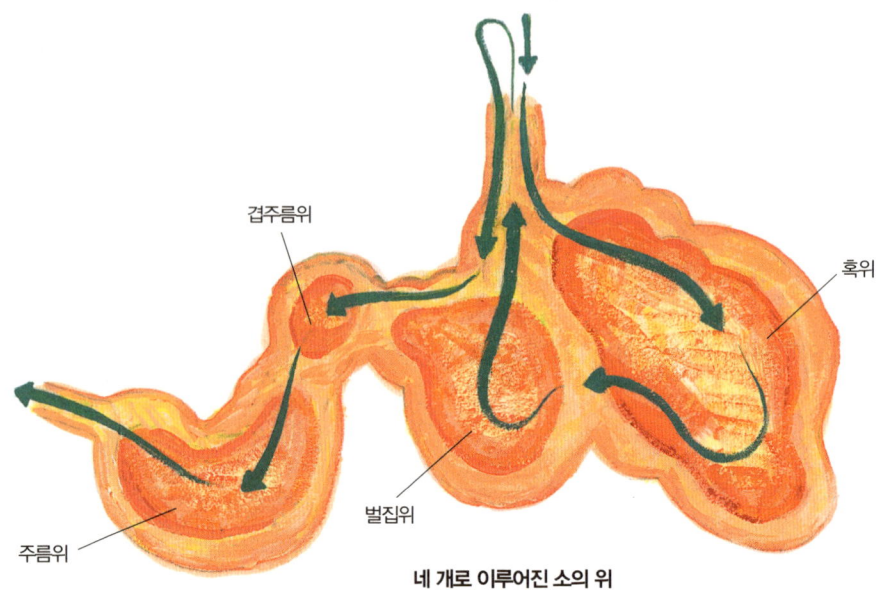

네 개로 이루어진 소의 위

나오지 않는답니다. 그러니 세균들이 살아가는 데 전혀 어려움이 없지요. 오히려 소의 위는 세균들에게 적의 공격을 걱정할 염려가 없는 안전한 보금자리예요. 가만히 있어도 먹이인 셀룰로오스가 꾸역꾸역 넘어오는 훌륭한 식당이기도 하고요.

그뿐인가요? 소는 세균들이 자기 위 속에서 어려움 없이 일할 수 있도록 보이지 않는 곳에서 많은 노력을 기울인답니다. 대표적인 것이 되새김질이에요.

셀룰로오스는 워낙 단단해서 세균들도 분해하는 데 시간이 오래 걸리고 힘도 많이 들어요. 이 힘과 시간을 조금이라도 줄여 주

려고 소는 씹어 넘긴 풀을 도로 토해 내 다시 씹어 삼킨답니다. 이것을 되새김질이라고 하는데, 되새김질을 하면 풀이 더욱 잘게 토막이 나서 세균들이 셀룰로오스를 분해하는 데 드는 힘과 시간이 줄어든답니다.

덕분에 세균들은 소의 위 속에서 편안히 셀룰로오스를 분해하며 살아갈 수 있어요. 그리고 소가 소화할 수 없는 셀룰로오스를 지방산으로 나누고 자신들에게 보금자리를 제공해 주는 소에게 나누어 주지요.

자기 몸까지 아낌없이 주는 친구

세균들이 소에게 주는 선물은 지방산만이 아니에요. 소의 위 속에 사는 세균들은 생명이 다할 무렵이 되면 혹위와 벌집위를 떠나 소의 주름위로 옮겨 간답니다. 소의 주름위는 혹위, 벌집위와는 달리 위액이 분비되는 곳이에요. 이곳에서 세균들은 위액에 흐물흐물 녹아 버려요. 소는 이 액체에서 생명을 유지하는 데 필요한 단백질을 얻지요.

소가 풀만 먹고도 잘 자라는 것은 이렇듯 자기 몸까지 아낌없이 나눠 주는 세균들이 위 속에 있기 때문이에요. 그런데 정작 도움을 받는 소는 알고 있을까요? 세포 하나로만 이루어진 이 간단한

생명체들이 자신들을 위해 이토록 엄청난 사랑을 베푼다는 사실을 말이에요.

소는 왜 침을 많이 흘릴까?

소의 위에서 셀룰로오스를 분해하는 세균들은 산성의 환경에서는 살 수 없어요. 그런데 세균의 활동이 활발해지면, 혹위와 벌집위는 산성이 강한 위액을 분비하지 않아도 산성으로 바뀔 위험이 있답니다. 세균들이 셀룰로오스를 분해하며 만들어 내는 아세트산과 프로피온산, 부티르산 등이 모두 산성을 띠고 있기 때문이에요. 그래서 소는 계속 침을 만들어 삼킨답니다. 소의 침은 약한 염기성을 띠고 있어, 혹위와 벌집위가 산성으로 바뀌는 것을 막아 주기 때문이지요.

3장 평생을 함께할 가족 찾기

물벼룩이 수컷이었다가 다시 암컷이 되는 까닭 · 102

대장이 에너지를 재충전하는 까닭 · 108

벌레 없는 곤충의 왕국, 개미 · 114

[돋보기 들이대기] 매년 성대한 기념 · 121

수를 늘려 살아남는 세포 · 122

대륙 속에 사는 대륙속에쥐 · 72

고래 등을 타고 여행하는 따개비 · 78

[돋보기 들이대기] 바다의 청소부와 빛, 잠자리 공원 · 85

산호 새끼가 맨 집을 미끄러지듯 다니는 양쥐돔 · 86

[돋보기 들이대기] 해면 생태계의 청소, 지킴 · 92

아시아에도 물속이 웅장 숨이 묻힌 꽃등에새 · 94

차례

1장 튼튼하게 새끼를 낳는 짐승

- 알이 있대를 낳아 젖을 주는 야생새 · 10
- 진진운이 꽃물을 잃아가는 개미 · 18
- 혼자 들어가기: 더듬이 가는 쥐, 응상 · 25
- 부엉수리의 짝짓기, 박줄잡잔이새 · 26
- 바다거북의 기이한 짝짓기, 잠자리불구덩이 · 32
- 혼자 들어가기: 생동물이 새끼를 마다 잠자리고 새도 · 38
- 옹 몸이리를 꼬집어도 죽지 않았다가 · 40
- 새끼를 마다 기운는 문통개미 들잎곰개 · 46
- 곤충의 생활주기 및 잠자림하기 · 52
- 머미침의 애기를 수해 짝도 울풀기리 · 58

2장 아침없이 짝는 짐승

- 알을 낳아 그다음 수궁 몽을 옮기기 · 66

활짝 피었구나꽃

들까게?

파이가 고개를 갸웃거렸어요. 그 정원은 매일같이 수많은 들꽃사
람들이 지나가고 많은 관심을 받는 아이라서 꽃들은 공주님처럼
항상 잘난 척을 했거든요. 생각해보니 꽃들과 달리 파이는 사는
동안에 혼자서 필 때도 있었고 사람들이 아무도 봐주지 않을 때
이 세상은 바로 이런 종류의 아이들이 살기가 힘들어요. 활짝 자

고 싶지요.

꽃을 피우는 동물 아이들을 배려해 줄 수 없는 용기는 누구
에게나 있지 아니다. 작은 새 한 마리를 품어 주고, 동구라는
것이 엄청납니다. 별것도 아닌 발견을 해도 물리가고 배움에
라니가 살아가는 동물들의 이 세계도 모두 매번에

꽃길만 걸어가이는 우리 인생에 힘들 때도 미지수 있지요.
꽃을 들려면, 흙장난도 해야하지만 물리가는 순수에이
꽃잎들만피어나는 것도 많고 발효송장으로 갈 때 풀을 먹어는

엄마가 지어제를 들고 있는 동물들

물속에 홀쭉하던 아이가 갑자기 커지고 배가 빵빵해지며 몽 치로 변하기 시작하자 엉아는 아이를 잡아먹으려고 했어요. 아이는 달아났어요. "잡지 마세요!" 하고 말을 하는 중에 꼬리 가 나왔어요.

엄마가 "걱정 마세요." 하고 말을 건네었어요. 아이는 곧 엄마보다도 훨씬 더 커져 버렸거든요.

아이는 몸에서 지느러미가 생기고 있어요. 배에서 날 꼬리와 지느러미가 생기고 있어요. 그래도 아이는 아 직 이름도 가지지 못했어요. 아이는 이름이 없어 자꾸만 슬퍼졌어요.

"자신의 이름에 대해 너무 걱정하지 말고 자기가 아는 것을 잘 해라. 그러면 어느새 너에게는 원래부터 붙 어 있던 훌륭한 이름이 되어 있을 거야." 하고 모두.

숨바꼭질 아하!

생태감추기 놀이

동물들의 그림

동물원 권사

글 햇살과나무꾼

어린이책을 사랑하는 사람들이 모여 만든 기획실로, 세계 곳곳에 묻혀 있는 좋은 작품을 찾아 우리말로 소개하고 어린이의 정신에 지식의 씨앗을 뿌리는 책을 집필하고 있다. 옮긴 책으로는 《안데르센 동화집》, 《나니아 연대기》, 《세라 이야기》, 《내 이름은 삐삐 롱스타킹》 등이 있고, 쓴 책으로는 《알면 들리는 클래식》, 《위대한 발명품이 나를 울려요》 등이 있다.

그림 윤봉선

미술 대학에서 서양화를 공부하고, 오랫동안 어린이책에 그림을 그려 왔다. 이 책에서는 서로 돕고 살아가는 동물들의 모습을 재미있는 그림으로 표현해 냈다. 쓰고 그린 책으로 《조금 다른 꽃눈이》, 《으랏차차 씨름》, 《세균맨과 위생 특공대》, 《태극 1장》 등이 있고, 《씨앗 세 알 심었더니》, 《은행나무의 이사》, 《잠을 테면 잠아 봐》 등 많은 어린이책에 그림을 그렸다.

감수 박시룡

경희대학교 생물학과를 졸업하고, 독일 본대학교에서 동물 행동학으로 박사 학위를 받았다. 한국교원대학교 명예 교수이며 황새생태연구원장을 지냈다. 지은 책으로 《박시룡 교수의 끝나지 않은 생명 이야기》, 《황새, 자연에 날다》 등이 있다.

슬기로운 생태 관찰
이유가 있어서 함께 살아 – 동물의 공생

초판 1쇄 인쇄일 2022년 6월 1일
초판 1쇄 발행일 2022년 6월 15일

지은이 햇살과나무꾼
그린이 윤봉선

발행인 윤호권
사업총괄 정유한
편집 윤보영, 이은영 **디자인** 김영중, 변수연 **마케팅** 박병국
발행처 ㈜시공사 **주소** 서울시 성동구 상원1길 22, 6-8층 (우편번호 04779)
대표전화 02-3486-6877 **팩스(주문)** 02-585-1247
홈페이지 www.sigongsa.com / www.sigongjunior.com

글 ⓒ 햇살과나무꾼, 2022 | 그림 ⓒ 윤봉선, 2022

이 책의 출판권은 ㈜시공사에 있습니다. 저작권법에 의해
한국 내에서 보호받는 저작물이므로 무단 전재와 무단 복제를 금합니다.

ISBN 979-11-6925-020-7　74400
ISBN 979-11-6925-019-1　(세트)

*시공사는 시공간을 넘는 무한한 콘텐츠 세상을 만듭니다.
*시공사는 더 나은 내일을 함께 만들 여러분의 소중한 의견을 기다립니다.
*잘못 만들어진 책은 구입하신 곳에서 바꾸어 드립니다.

KC마크는 이 제품이 공통안전기준에 적합하였음을 의미합니다.
제조국 : 대한민국　사용 연령 : 8세 이상
책장에 손이 베이지 않게, 모서리에 다치지 않게 주의하세요.

이유가 있어서
함께 살아